ENTWICKLUNGSCHANCE **PATCHWORK**

Wahlfamilien auf dem Weg zu neuen Beziehungsfähigkeiten

Renate Hölzer-Hasselberg
mit Jens Heisterkamp

Renate Hölzer-Hasselberg
mit Jens Heisterkamp

Entwicklungschance
PATCHWORK

Wahlfamilien auf dem Weg
zu neuen Beziehungsfähigkeiten

Bibliographische Information der Deutschen Nationalbibliothek
Die Deutsche Nationalbibliothek verzeichnet diese Publikation in der
Deutschen Nationalbibliographie; detaillierte bibliographische Daten sind im
Internet über http://dnb.ddb.de abrufbar.

ISBN 978-3-95779-044-6

Erste Auflage 2016

© 2016 Info3-Verlagsgesellschaft Brüll & Heisterkamp KG,
Frankfurt am Main

Typographie und Satz: Clarissa Heisterkamp
Umschlag: Frank Schubert
Fotos: www.photocase.de
Druck und Bindung: booksfactory.de / Print group Sp.z.o.o., Szczecin, Polen

Inhaltsverzeichnis

Einführung

∼∼∼ Die „Patchwork-Familie" ist eine noch relativ junge Lebensform. Erst in den 1990er Jahren taucht der Begriff erstmalig auf, um die spezielle Lebensform einer nach Trennung neu zusammengefügten, quasi-familiären Situation zu beschreiben. Sie bringt so viele Fragen, Herausforderungen und Möglichkeiten mit sich, dass über sie bereits vieles gesagt und geschrieben wurde. Manches Skeptische, aber auch viel Konstruktives und Hilfreiches. Letzteres gibt die Richtung an, in die auch unser Beitrag weisen möchte. Das Besondere daran: Zwei Autoren mit Patchwork-Erfahrung beziehungsweise mit Patchwork-Affinität nähern sich dem Thema von unterschiedlichen Seiten. Renate Hölzer-Hasselberg bringt als Paar- und Familientherapeutin ihre Erfahrungen ein, die sie im Laufe vieler Jahre gewinnen konnte. Jens Heisterkamp hat mit seinen Fragen die Struktur dieses Buches vorgegeben und geht mit eigenen Gedanken den gesellschaftlichen und evolutionären Dimensionen des Themas nach.

Was die Leserinnen und Leser in diesem Buch nicht finden werden, sind einseitige Idealisierungen oder aber kulturpessimistischen Klagen nach dem Motto „Früher war alles besser". Wohl aber darf man sich darauf einstellen, dass wir die Probleme von Patchwork unsentimental deutlich schildern. Wir werden immer wieder anschauliche Fallbeispiele aus der Praxis einstreuen, suchen aber auch den größeren Kontext, um das Phänomen Patchwork zusammen mit den derzeit in starkem Wandel befindlichen partnerschaftlichen Beziehungen zu verstehen. Patchwork ist ein Symptom für eine bestimmte Bewusstseinsentwicklung des Menschen und der Gesellschaft. Diesen Kontext wollen wir verdeutlichen. Wir bieten konkrete Ratschläge, um besser damit umzugehen, wagen uns aber auch an vorsichtige Ausblicke, die den möglichen Sinn von Patchwork in einem größeren gesellschaftlichen Ganzen betreffen. Wir möchten Praktisches wie auch Bewusstseinsbildendes zum Thema bieten. Ob unsere Anregungen hilfreich und unsere Einschätzungen zutreffend sind, können letzten Endes nur Sie als direkt Betroffene beziehungsweise auch als kritische, anteilnehmende Zeitgenossen beurteilen.

Patchwork
als Zeitphänomen

～～ Dass Ehen nicht mehr lebenslang Bestand haben und Familien nicht auf Dauer zusammenbleiben, ist ein jüngeres Phänomen. Es ist noch gar nicht so lange her, da wurden Scheidungskinder von ihrem Umkreis bedauert und bildeten gesellschaftlich auch eher eine Ausnahme. Viele Menschen, nicht nur die unmittelbar Betroffenen, betrachteten das Scheitern einer Ehe, zumal wenn Kinder beteiligt waren, als mittlere Katastrophe, und sozial hatten Geschiedene einen leicht anrüchigen Status — ein Phänomen, das heute nur noch in Teilen der katholischen Kirche anzutreffen ist. Die klassische Konstellation von Mutter, Vater und Kind ist heute in keiner Weise mehr selbstverständlich. Und inzwischen scheint es eher üblich, wenn Erzieherinnen in einem Kindergarten bei einer Neuaufnahme nicht von vornherein wissen, ob zu dem neuen Kind sowohl eine Mutter als auch ein Vater gehören, mit dem es zusammenlebt. Rund jedes dritte Ehepaar trennt sich wieder, nicht selten schon bald, nachdem Kinder geboren wurden.

Die Ehestatistik ist aber nur eine von zahlreichen Anzeichen eines gravierenden Wandels in den familiären und partnerschaftlichen Beziehungen: Viele Paare verzichten heute von vornherein auf rechtlich verbindliche Regelungen; zahlreiche

Mütter ziehen ihre Kinder, ungewollt oder auch aufgrund bewusster Entscheidung, alleine groß; manche Frauen wünschen sich eine Mutterschaft ausdrücklich ohne dabei dauerhaft mit einem Vater eine Familie bilden zu wollen. Zugleich wachsen heute Kinder in gleichgeschlechtlichen, der Ehe entsprechenden Beziehungen auf und haben dann gleich zwei Mütter beziehungsweise Väter, aber eben nicht beide Geschlechter als Eltern. Wenn wir also auf dem Spielplatz ein Kind mit erwachsenen Bezugspersonen sehen, ist es längst nicht mehr selbstverständlich, dabei an Vater und Mutter zu denken. Kommt zudem noch die moderne Reproduktionsmedizin mit Samenspende und Leihmutterschaft ins Spiel, wird die Lage erst recht unübersichtlich — dieses Thema wird uns noch näher beschäftigen.

Unübersichtlich und kompliziert? Ja, aber eben nur für den äußeren Augenschein. Genauer besehen könnten wir auch sagen, Beziehungen sind heute nicht unbedingt komplizierter, aber komplexer als früher. Komplexer auch deshalb, weil durch den Fortgang der Individuation auch die individuellen Ansprüche zugenommen haben, sich in Beziehungen selbst zu verwirklichen. Neue gesellschaftliche Bedingungen, aber auch neue Bedürfnisse und Ziele sind hinzugekommen, die miteinander in Ausgleich gebracht werden wollen. Und je besser es gelingt, komplexe Strukturen zu begreifen, umso besser werden wir sie auch gestalten können — und damit verhindern, dass sie nur kompliziert oder sogar zerstörerisch wirken. Genau dabei will unser Buch helfen.

Wenn sich Paare nach einer kürzeren oder längeren gemeinsamen Zeit trennen, wenn inzwischen Kinder geboren wurden, wenn dann neue Partnerinnen oder Partner hinzukommen, die möglicherweise auch Kinder mit in die neue Beziehung bringen, entsteht eine ganz neue Situation, für die wir heute das Wort „Patchwork-Familie" verwenden. Patchwork meint im Vergleich zur traditionellen Familie, dass hier zwischen Erwachsenen und Kindern neue, enge und überaus verbindliche Beziehungen entstehen, die nicht durch biologische Verwandtschaft bestimmt sind. Patchwork entsteht in seiner ausgeprägtesten Form, wenn zwei Partner einen gemeinsamen Haushalt aufbauen und jeweils eigene Kinder einbringen. Aber auch, wenn zum Beispiel nur einer der Partner Kinder hat und für diese dann ein neuer „Vater" oder eine neue „Mutter" hinzukommt — und selbst wenn die Kinder gar nicht mehr im gemeinsamen Haushalt leben, entsteht in irgendeiner Form Patchwork im Sinne eines Zusammenkommens zweier bislang getrennter sozialer Systeme. In jedem Fall haben die Familienmitglieder keine gemeinsame Geschichte, auf die sie sich beziehen können. So fehlt eine tragfähige Basis, um mit Konfliktsituationen sozialverträglich umgehen zu können.

Solche Beziehungen gab es früher nur als Ausnahme, wenn verwitwete Elternteile neu heirateten. Der Sprachgebrauch brachte dabei mit den Bezeichnungen „Stiefvater" oder „Stiefmutter" die Empfindung zum Ausdruck, dass es eben nicht ganz die richtigen Elternkonstellationen sind, die so entstehen. Im Wort „Stiefkinder" steckt eine germanische Vorsilbe, die soviel bedeutet wie „beraubt, verwaist" und mit „steif", „wenig liebevoll", „hart" zu tun hat.

Damit verglichen umgibt den Begriff „Patchwork" etwas eher Heiteres und Spielerisches — ob zu Recht oder zu Unrecht, werden wir noch sehen. Der Begriff Patchwork stammt ursprünglich aus dem Kunsthandwerk und weist im Zusammenhang mit der Familie auf etwas „Zusammengeflicktes" hin. Ein Patchwork-Teppich besteht, genau genommen, aus Resten — das ist der weniger erfreuliche Teil des Vergleichs. Als echtes Handwerk, mit Kunstsinn verfertigt, haben Patchwork-Teppiche aber eine ganz besondere Wirkung. Sie hat damit zu tun, dass man einem kunstvoll gestaltete Patchwork-Teppich oder einer entsprechenden Decke durchaus noch anmerkt, dass die verwendeten Teile ursprünglich einem ganz anderen Zusammenhang angehörten — das macht gerade den Reiz von Patchwork als Kunsthandwerk aus, dass man einen früheren Bezugsrahmen noch sieht, der aber jetzt in einen neuen, so zuvor nicht vorhandenen integriert ist. Das hat mit Verwandlung zu tun. Ursprung, Integration und Verwandlung sind drei zentrale Motive von Patchwork — im Kunsthandwerk wie in der Lebenskunst. Zuweilen gibt es einen Qualitätssprung, das heißt, Neues geschieht zwischen allen Beteiligten, was noch nie war, allerdings im Guten wie im Schlechten.

Dass Patchwork-Familien als inzwischen gewohntes Bild in unserem Umkreis auftauchen, geht auf einschneidende Veränderungen im Bewusstsein der Einzelnen und der modernen Kultur als Ganzer zurück. Familienbeziehungen und Lebensbeziehungen zwischen zwei Menschen haben sich in den letzten dreißig Jahren sehr gewandelt. Im Zeitraum von etwa einer Generation wurden die westlichen Gesellschaften zum Schauplatz enormer Anstrengungen in Richtung Aufklärung und Befreiung. Die Rechte des Individuums auf Freiheit und selbstbestimmte Entfaltung schafften sich, obwohl in den modernen Verfassungen schon lange garantiert, in Form starker gesellschaftlicher Bewegungen bis dahin unbekannte Spielräume. Absolute Freizügigkeit der Lebensweise, Kampf gegen die Unterdrückung und für die Befreiung der Frau, Gleichberechtigung, demokratische Mitbestimmung auf vielen Ebenen, Antidiskriminierung und Integration von Minderheiten — die Palette der Errungenschaften seit dem Ende des Zweiten Weltkriegs ist breit und bunt.

Nicht zuletzt sorgte dieser Prozess zur Entfaltung individueller Lebensentwürfe auch auf der sexuellen Ebene für ungeahnte Freizügigkeit und Vielfalt. Das partnerschaftliche Leben befreite sich aus engen Vorgaben, wie auch im Beruf, in der Freizeitgestaltung und generell im Konsum kam es auch hier zu einer so nie dagewesenen Wahlmöglichkeit. Kein Wunder, dass sich damit verbunden auch die Strukturen des partnerschaftlichen Lebens in kaum mehr als einer Generation gedanklich und praktisch vollständig gewandelt haben. Wir sehen das heute vor allem im starken Kontrast zu anderen Kulturen und Lebensformen, die zum Beispiel in Bezug auf Kleidung, Berufs- und Partnerwahl junge Frauen in traditionalistischen, meist auch patriarchalischen Mustern festhalten wollen.

Im Westen sind die Themen Partnerschaft und Beziehung viel weniger traditionalistisch geworden — bis dahin, dass nicht wenige Menschen, Frauen wie Männer, gar nicht mehr bereit sind, eine Partnerschaft für sich als das Nonplusultra der Lebensverwirklichung anzusehen. Es spricht nicht dagegen, sondern stellt ein dazu polares Phänomen dar, wenn heute unter manchen Jugendlichen und jungen Erwachsenen auch wieder sehr traditionelle Einstellungen eine Renaissance erleben, mit Heiratsantrag, Verlobung und Junggesellenabschied. Wie tragfähig das sein wird, ist gegenwärtig noch nicht abzusehen. Alles deutet jedenfalls darauf hin, dass die Gestaltung von Partnerschaft heute auf ein stark erweitertes Spektrum an Möglichkeiten zurückgreifen kann, dessen Eröffnung zentral mit der Zunahme an Freiheit zu tun hat.

Die Zunahme an persönlicher Freiheit bedeutet nicht nur, dass traditionelle Vorgaben oder klassische Rollenverständnisse an Bedeutung verlieren. Die persönliche Freiheit bedeutet auch, dass heute zumindest im Westen die Bedeutung der biologischen Abstammung zurückgeht. Biologisch begründete soziale Zusammenhänge — Stämme, Clans, Großfamilien, Familien, Eltern-Kind-Verhältnisse — bildeten vor noch gar nicht

so langer Zeit auch bei uns Systeme von größter und verbind-
lichster Autorität, die man nicht ohne Not aufs Spiel setzte und
vor denen Fragen der persönlichen Autonomie zurückzutreten
oder gar nicht erst aufzukommen hatten. Früher sprach man
auch von „Blutsbanden", über die sich ein Großteil der sozialen
Stabilität definierte. Diese bio-sozialen Strukturen verlieren
mit zunehmender Freiheit und Bewusstheit des Individuums
an Macht. Allerdings ist oft (noch) nicht richtig klar, was an
ihre Stelle tritt, wenn Menschen sich die Freiheit nehmen,
„Blutsbande" zu lösen. In diesen größeren gesellschaftsge-
schichtlichen Zusammenhang reiht sich auch das Phänomen
Patchwork sinnvoll ein.

Gleichwohl hat die persönliche biologisch-biographische
Herkunft eine keineswegs zu unterschätzende, ja geradezu
fundamentale Bedeutung, wie wir noch sehen werden. Dennoch gilt: Die biologisch-soziale Ebene verliert im Blick auf
Beziehungen immer mehr an Ausschließlichkeit. Neue Faktoren treten hinzu, die mit dem Drang nach Selbstgestaltung zu
tun haben. Durch die zunehmende Individualisierung der
Menschen haben sich, zumindest in den westlichen Gesellschaften, Gruppenzugehörigkeiten jedweder Art relativiert
beziehungsweise verlieren an Tragfähigkeit.

Einer der wichtigsten Faktoren dieser gesellschaftlichen
Veränderung war sicher der Feminismus, der Wesentliches für
die Autonomie der Frauen beigetragen hat. Den Zugang zu
Bildung vorausgesetzt, ist heute keine Frau mehr auf einen
Mann zur Sicherung ihres Lebensunterhaltes angewiesen.
Eine Frau braucht auch, wenn man von bildungsfernen Schich-
ten absieht, keinen „Mann an ihrer Seite" mehr, um als voll-
wertig zu gelten. Frauen treten daher heute auf Augenhöhe in
Partnerschaften ein. Dass sie sich durch Arbeit ebenso ver-
wirklichen wollen, wie Männer gilt als selbstverständlich,

allerdings noch gar nicht allzu lange: Bis in die 1950er Jahre konnten bekanntlich Männer darüber befinden, ob sie mit einer Berufstätigkeit ihrer Ehefrau überhaupt einverstanden waren.

Mehr Autonomie für Frauen in partnerschaftlichen Beziehungen umfasst nicht nur die Möglichkeit, innerhalb einer Beziehung die Möglichkeit der Selbstgestaltung zu wahren, sondern ganz grundsätzlich die Qualität einer Beziehung bestimmten Ansprüchen zu unterwerfen und auch die entsprechenden Konsequenzen zu ziehen, wenn diese nicht oder nicht mehr gegeben scheinen. Will heißen: In Zeiten der Abhängigkeiten von ihren „nährenden" Männern hatten Frauen gar keine Möglichkeit, eine für sie unbefriedigende Partnerschaft zu beenden. Sicher war die Frustrationstoleranz der Frauen angesichts mangelnder Alternativen größer. Dass früher weniger Ehen geschieden wurden, muss daher keineswegs bedeuten, dass ehedem die Qualität von Beziehungen besser war und wir uns heute an früheren Zuständen ein Beispiel zu nehmen hätten. Die Emanzipation der Frau bedeutet ja eben unter anderem, dass Frauen zuerst eine eigene Identität entwickeln und erst dann entscheiden, ob und wie sie eine Beziehung eingehen möchten. Die Zeiten, wo Frauen in einer Partnerschaft grundsätzlich als Beiwerk ihrer Männer galten, sind Gott sei Dank vorbei — wenn auch andersgeartete schlechte Gewohnheiten der Männer noch lange nicht überall Geschichte sind.

Die emanzipatorische Befreiung der Frauen gegenüber den Männern hat sich durch die Möglichkeiten der Reproduktionsmedizin noch erheblich gesteigert. Eine Frau mit Kinderwunsch braucht für dessen Erfüllung zwar immer noch neben ihrer Eizelle eine männliche Samenzelle, muss aber nicht mehr unbedingt eine soziale Beziehung mit einem Mann dafür eingehen. Im Unterbewusstsein einer immer noch in weiten Teilen stark maskulin geprägten Gesellschaft (vor allem in den wesentlichen Dimensionen von Wirtschaft und Wissenschaft) bedeutet dies eine tiefe Kränkung der Männer, zur Zeugung im Prinzip entbehrlich geworden zu sein. Man mag die assistierte oder auch vollständig ins Labor verlegte Empfängnis beurteilen, wie man will — die emanzipatorische Gestik dieses Phänomens ist nicht zu übersehen.

Die Entwicklung hin zu mehr Autonomie hat allerdings auch ihre Schattenseiten: Wer nur noch autonom sein will, lebt in der Gefahr, vor lauter Unabhängigkeit dabei einsam zu werden. Weil die Menschen — Frauen wie Männer — anspruchsvoller in Bezug auf Partnerschaften geworden sind, weil sie weniger instinktiv und mehr bewusst an die Frage einer Beziehung herangehen, kommen dauerhafte Bindungen oft gar nicht mehr zustande. Man bleibt lieber Single als sich wegen einer Beziehung „zu verrenken". Parallel zur zunehmenden Autonomie wachsen auch Depressions- und Suchterkrankungen in unserer Gesellschaft — von der betäubenden Unterhaltungsindustrie einmal ganz abgesehen.

Gleichzeitig entsteht bei manchen jungen Menschen — vielleicht aus Angst vor Einsamkeit — wieder verstärkt ein Bedürfnis nach einer „traditionellen" Beziehung. Hier scheint manchmal um den Preis der Sicherheit vieles von den Errungenschaften der letzten Jahrzehnte über Bord geworfen zu werden.

In psychologischen Umfragen zu Partnerschaft und Ehe wünschen nämlich erstaunlich viele Singles den Gang zum Standesamt, am liebsten mit Kutsche und weißem Kleid, wenn doch nur die Richtige oder der Richtige käme ... In anderen Umfragen zeigt sich, dass es durchaus viele Singles gibt, die diese Lebensform des Alleinseins nicht wirklich gewollt haben. Manchmal sind es auch traumatische Erfahrungen, warum Menschen das Alleinsein bevorzugen, aus Angst wieder verletzt oder verlassen zu werden. Das heißt natürlich nicht, dass es nicht viele Menschen gibt, die das Alleinsein auch ganz bewusst gewählt haben.

Worauf weisen diese Phänomene hin? Die gewachsenen Möglichkeiten der Selbstermächtigung bei der Gestaltung der eigenen Biographie bieten zwar enorme Chancen — es müssen aber auch die Ressourcen vorhanden sein, sie zu nutzen. Im Verhältnis zu einem Mehr an Autonomie dürfen auch die Beziehungsfähigkeiten nicht vernachlässigt werden — und diese müssen ähnlich hart erkämpft werden wie die neuen Freiheitsräume, sonst droht Individualität zu einem anderen Wort für Einsamkeit zu werden. Das Leben wäre dann zwar selbstbestimmt vom Gang ins Fitnessstudio bis zum Kochen in der Designerküche — doch das Dinner vom zweitausend Euro-Herd isst man dann allein und den perfekten Körper sieht man nur selbst im Spiegel. Und nach einem spannenden Arbeitstag in einem erfüllenden Beruf ist abends niemand da, der fragt, wie der Tag war.

Hier ist offensichtlich ein schöpferisches Gleichgewicht zwischen Leben in der Selbständigkeit bei gleichzeitiger Verbundenheit gefragt. Mit der Möglichkeit der Freiheit ist nicht von allein schon die Fähigkeit gegeben, auch produktiv mit ihr umgehen zu können. Dass es Menschen gibt, die ihre Freiheit und Unabhängigkeit gerade dazu einsetzen, um soziale Beziehungen zu stiften und beispielsweise die Not anderer Menschen zu lindern, zeigen viele Beispiele aus dem Bereich des bürgerschaftlichen Engagements, das vom Einsatz unabhängiger Frauen und Männer lebt.

Bei all diesen Entwicklungen sind nicht immer, aber häufig auch Kinder mit im Spiel. Sie sind die Nutznießer, insofern auch für Kinder im Prinzip heute unvergleichliche Freiheiten und Möglichkeiten der Entfaltung anstehen. Sie sind manchmal aber auch die Leidtragenden, weil sie oft mit Situationen klarkommen müssen, die sie selbst so nicht gewollt haben. Sie müssen mit-leben, was ihre Eltern entscheiden oder erleiden. Wir alle kennen Beispiele für die wenig erquicklichen Konstellationen, wenn Kinder den Dauerstress ihrer alleinerziehenden Mutter spüren, die als Managerinnen zwischen Kita, Job und Abendessen im Einsatz ist. Wir haben die emotionale Schieflage vor Augen von Kindern, die jedes zweite Wochenende ihre Gefühle vor und nach dem „Papa-Urlaub" bewältigen müssen. Wir Erwachsenen haben es in der Hand, unsere Beziehungen zu gestalten, Prioritäten zu setzen und auch Konsequenzen zu tragen, wenn uns bestimmte Lebensentscheidungen so wichtig sind, dass wir sie unter allen Umständen auch leben wollen. Wir können uns eben auch entscheiden, (wieder) allein sein zu wollen. Anders die Kinder: Sie sind nicht nur im Allgemeinen existenziell auf uns angewiesen, sondern im Besonderen auch bezüglich der Beziehungen. Die Qualität, das heißt die Echtheit der Beziehungen zwischen Eltern und Kindern, entscheidet in hohem Maße, ob ein Mensch durch biographische Anforderungen und Krisen wächst oder an ihnen scheitert. Wir müssen für andere wichtig sein, spüren, dass wir Bedeutung für andere haben. Es ist in der Tiefe wahr, wenn Martin Buber sagt, dass wir am Du erst wirklich zum Ich werden. Der Mensch braucht zum Menschsein den Menschen, das ist ohne Alternative und bildet eine Universalie der Menschheitsentwicklung, die alle gesellschaftlichen Wandlungen und Trends überdauert.

Damit Patchwork gelingt
— bewusst anfangen

⁓ Immer wieder werden wir im Folgenden kleine Regeln formulieren, die sich in der Beratungserfahrung von Familien als zentral herausgestellt haben. Als erste dieser Orientierungshilfen möchten wir einen Satz formulieren, den man gar nicht ernst genug nehmen kann:

> *Patchwork braucht viel, viel mehr Sorgfalt, Achtsamkeit und Einsatz als eine Erstbeziehung. Patchwork gelingt, wenn die beteiligten Erwachsenen bereit sind zu lernen, sich selbst immer wieder konstruktiv zu hinterfragen und ihre eigenen Bedürfnisse — vor allem zugunsten derer der Kinder — zurückzustellen.*

Diese Anforderung sollte man sich am besten vor dem Beginn einer Patchwork-Situation in aller Deutlichkeit klar machen — und nicht erst dann, wenn die Wolke-sieben-Phase einer neuen Beziehung übergegangen ist in den Alltag von Morgens-früh-Aufstehen, Schulranzen-Packen und Tisch-Abräumen. Wenn sich zwei Menschen mit Mitte oder Ende zwanzig verlieben, zusammenziehen und Kinder geboren werden, ist alles neu und herausfordernd. Vieles wird ohne richtiges Nachdenken mehr instinktiv geregelt, was mal besser und mal schlechter gelingt. Es gibt Schwierigkeiten zuhauf zu meistern — Wohnung, Einkommen, schlaflose Nächte —, aber der Schwung des Neuen verleiht auch ungeahnte Kräfte. Das Leben eines Paares, das zur Familie wird, ist immer aufregend.

Aufregend ist eine Patchwork-Konstellation auch — aber wer eine Patchwork-Familie gründet, muss, anders als bei der Erstfamilie, mit einer Fülle von „gesetzten" Bedingungen rechnen, die er oder sie erst einmal zu akzeptieren hat. Der Vergleich mit früheren Situationen steht immer im Raum. Von Beginn an spielt also hier der Faktor des Bewusstseins eine ganz andere Rolle.

Nehmen wir eine klassische Patchwork-Situation:

Sie ist geschieden, er lebt in Trennung, hier sind
Kinder im Spiel, dort auch. Selbstverständlich ist das
neue Verliebtsein, vielleicht gerade nach harten Zeiten
der Auseinandersetzung, von Trennung und Streit, sehr
beglückend, ja es kann in seiner Dynamik so anziehend
sein, dass man glaubt, alle Schwierigkeiten würden sich
leicht überwinden lassen. Aber es gibt tausend Hürden.
Die Frau, in der Scheidung stehend, verarbeitet gerade
das ganze Thema ihrer gescheiterten Ehe noch einmal,
der neue Partner bietet in diesem schwierigen Prozess ein
Stück Halt, er will Stütze sein und Liebe geben.
Die neue Partnerin empfängt in der neuen Beziehung Trost
und Bestätigung, sie findet liebevolles Verständnis, wenn
sie mit dem neuen Partner über das Unbefriedigende ihrer
zurückliegenden Ehe spricht. Die große Falle dabei:
Vor lauter Trost reflektiert sie die eigenen Anteile ihres
Scheiterns nicht, und auch der neue Partner kann sich
natürlich gar nicht vorstellen, was ein anderer Mann an
dieser Frau, in die er jetzt so verliebt ist, nicht großartig
gefunden haben soll. Auch auf der anderen Seite,
in diesem Falle jener des ehemaligen Ehemanns, stellt es
zunächst ein Hindernis für die Verarbeitung des
Trennungsprozesses dar, dass die ehemalige Frau bereits
wieder verpartnert ist. Ein Hindernis insofern, als hier
zunächst ein gemeinsamer, am besten begleiteter
Verarbeitungsprozess sinnvoll erscheinen würde.
Für diesen aber wäre es günstiger, wenn beide früheren
Ehepartner unter gleichen Vorbedingungen nüchtern auf
die zurückliegende Beziehung schauen könnten.

Patchwork-Familien haben immer Trennungs-
geschichten aus der Vergangenheit, die sie als
Belastung in die neue Familienkonstellation
mitbringen und die verarbeitet werden müssen.

Die angedeutete Situation verdeutlicht, wie bei einer Patch-work-Familie von Beginn an mitgebrachte Probleme hinein-spielen können. In unserem Beispiel geht es der Frau durch die neue Beziehung nicht nur deutlich besser, sondern sie fühlt sich auch durch die neue Liebe bestärkt — aber das ist nur eine Seite des Systems. Während sie glücklich ist, steckt ihr Ex-Mann in der Trauer fest. Menschlich gesehen kann dieses Un-gleichgewicht sogar oft als ein größerer Vertrauensbruch als die aufgekündigte Ehe selbst wirken. Wie kannst Du Dich schon so unbefangen in eine neue Beziehung stürzen, wenn wir doch mit unserer alten noch gar nicht zu einem Abschluss gekommen sind? Für den oder die, der oder die zurückbleibt, ist dadurch alles Weitere, beispielsweise das Umformen der ehemaligen Ehe in eine sich gegenseitig respektierende Freundschaft, erheblich erschwert. Und vor allem: Die ge-meinsamen Kinder werden unweigerlich in den Sog dieser widerstrebenden Empfindungslagen hineingezogen. Eine un-günstige Ausgangssituation für einen Neubeginn, wobei die Risiken umso größer sind, je weniger sich die Ex-Partner über die untergründige Belastung durch diese Asymmetrie zwi-schen ihnen bewusst werden können.

Wenn es gelingt, die Verhältnisse in der Ursprungsfamilie, also der primären Beziehungssituation mit Kindern, zu klären, erhöhen sich die Chancen, sich in einer neu entstehenden Patchwork-Konstellation konstruktiv zu begegnen. Je mehr ungeklärte Emotionen und Vorstellungen noch im Spiel sind, umso schwieriger steht es um die Stabilität der neu aufzubauenden Konstellation. Es ist eine Illusion zu glauben, dass ungeklärte Themen und Probleme zwischen den geschiedenen Ehepartnern einen vernünftigen und fairen Umgang mit den Kindern ermöglichen würden, nach dem Motto: Wir wollen als Eltern für die Kinder da sein, unsere persönlichen Gefühlsverletzungen dürfen keine Rolle spielen. Das ist in Wirklichkeit eine reine Wunschvorstellung, die nicht aufgeht.

Was emotional zwischen den geschiedenen Ehepartnern nicht geklärt ist, führt (fast) immer dazu, dass Kinder auf dem „Kriegsschauplatz" dieser persönlichen Verletzungen missbraucht werden. Auch finanzielle Themen eignen sich sehr gut zur Fortsetzung der gemeinsamen Kriegsführung. Die Ausgangssituation bei Beginn einer Patchwork-Familie, die Frage der Wahrnehmung der unterschiedlichen Ausgangspunkte und die Bereitschaft zu entsprechender Rücksichtnahme sind von nicht zu unterschätzender Bedeutung dafür, was später zwischen allen Beteiligten geht oder nicht geht. Es ist in jedem Fall hilfreicher, während einer Scheidungssituation — auch wenn schon neue Partner da sind — einen Aufarbeitungsprozess in Ruhe zu einem Abschluss zu bringen. Das ist für die unmittelbar Beteiligten besser, aber auch für die vorhandenen Kinder. Im gelingenden Fall können sie dann sogar vorbildhaft erleben, wie sich ihre Eltern auch nach einer Trennung fair und rücksichtsvoll verhalten. Das alles spricht auch dafür, mit dem gemeinsamen Wohnen in einer neu entstandenen Partnerschaft zurückhaltend zu sein.

Hierzu ein positives Beispiel:

Aus einer Ehe mit Kindern sind zwei Patchwork-Familien hervorgegangen, bei denen nicht nur die jeweiligen Ursprungs-Partnerinnen und -Partner miteinander befreundet blieben, sondern wo sich auch die beiden Paare und die Kindern beider Familien fast freundschaftlich miteinander verstehen.

Die beiden Patchwork-Familien feiern nicht nur Feste wie Weihnachten gemeinsam, sondern verbringen auch Ferien miteinander.

Voraussetzung dieses ungezwungenen neuen Miteinanders war es allerdings, dass bei allen beteiligten Erwachsenen die Phase der Trennung in einer Atmosphäre ohne aufgeheizte Emotionen verlief. Die Partner waren beim Eintreten der Trennung eigentlich schon mit ihren Gefühlen „durch".

Es gab zwar noch Trauer über ein zu Ende gehendes Stück gemeinsamer, tief prägender Biographie, aber keine Vorwürfe. Beiden Partnern war in der Trennungs- phase klar geworden, dass ihre Beziehung in der Tat bereits zu Ende war, ohne dass man sich das eingestanden hätte, um den anderen nicht zu verletzen. Weil diese Empfindung beiderseitig war, gab es hier kein „Gefälle", was Verletztheit und Entwertungsgefühle angeht.

So wurde ein konstruktives Umgehen mit der Trennung als Neuanfang möglich.

Achtsamkeit
den Kindern gegenüber

~~~ Eine Ehe oder Partnerschaft zu beenden ist heute
eine Entscheidung, wegen der niemand mehr geächtet wird.
Ähnlich wie der Beruf oder der Lebensschauplatz gilt auch die
Einrichtung der Familie selbst, die früher als lebenslang ver-
bindlich betrachtet wurde, heute nicht mehr selbstverständlich
und unhinterfragt für alle Zeit, sondern wird immer wieder an
den Ansprüchen und Wertmaßstäben der Beteiligten gemes-
sen. Vielleicht ist eine Ehe früh durch ein unerwartet einge-
troffenes Kind nötig geworden, vielleicht waren beide Beteiligten einfach zu jung; vielleicht haben sich im Laufe der
Beziehung sehr unterschiedliche Entwicklungs-Dynamiken
abgespielt, es sind Interessen entstanden, bei denen die Partner sich nicht folgen konnten oder wollten; oder vielleicht war
es einfach nur jene unvergleichliche und alles aus dem Weg
räumende Leidenschaft einer einzigartig scheinenden, neuen
Liebe – die Gründe für ein Auseinandergehen von Paaren sind
so vielfältig wie das Leben selbst. Sofern keine grobe Verant-
wortungslosigkeit dabei im Spiel ist, hat unsere Zeit viel Verständnis für die unterschiedlichsten Motive.

Das Beenden einer bestehenden und das Beginnen einer
neuen Partnerschaft, auch nachdem bereits Verantwortung

für eine Familie übernommen wurde, ist gutes Recht der Erwachsenen. Es entspricht dem Vorrang der Autonomie, den das moderne Bewusstsein dem Individuum zuerkennt. Wie aber sieht es für die beteiligten Kinder aus? Auch sie haben ein gutes Recht — nämlich das, die Entscheidung der leiblichen Eltern als gänzlich negativ zu empfinden und die von Vater oder Mutter gewählte, neue Bezugsperson aus tiefstem Herzen abzulehnen. Das muss selbstverständlich nicht so eintreten, aber die Möglichkeit dazu besteht — in der Praxis nicht eben selten. Denn es ist der Vater, der verliebt ist in die neue Partnerin, nicht das Kind; es ist die Mutter, die bei ihrem neuen Freund Trost findet über den Schmerz der Verlassenheit, nicht das Kind. Sofern nicht Gewalt oder grobe Vernachlässigung im Raum stehen, werden Kinder immer den Wunsch nach einer Fortsetzung der Beziehung ihrer leiblichen Eltern haben. Machen wir uns in aller Deutlichkeit diese Regel klar:

> *Neue Beziehungen, die nach dem Ende einer Familie eingegangen werden, beruhen allein auf der Entscheidung der Eltern, und es gibt keinerlei Pflicht für die Kinder, diese Entscheidungen gutzuheißen oder mitzutragen. So wie es das Recht der Eltern ist, eine Beziehung zu beenden und eine neue einzugehen, ist es das Recht der Kinder, diese Schritte aus tiefstem Herzen abzulehnen — denn sie haben **beide** Eltern gewollt.*

Auch wenn dies ein Worst-Case-Szenario darstellt: Es ist gut, diese Möglichkeit am Beginn einer Patchwork-Beziehung in Betracht zu ziehen, sich auf sie einzustellen und sich zu fragen, ob man sie zu tragen bereit wäre. Eine Verweigerung gegenüber neu hinzukommenden Partnern darf den Kindern niemals zum Vorwurf gemacht werden. Hier steht Freiheit gegen Freiheit, denn den Kindern steht die Ablehnung der neuen Partner frei. Die Erwartung, dass auch die Kinder den neuen Partner oder die neue Partnerin lieben werden, weil man selbst ihn oder sie liebt, ist dagegen naiv. Bisweilen kleidet sie sich seitens der neuen Beziehung auch in die Annahme „Was für die Mutter bzw. den Vater gut ist (durch das Eingehen einer neuen Beziehung), das ist auch für das Kind gut". Diese Haltung ist in Wirklichkeit eine Alibi-Vorstellung, um die eigentlich nötige Rücksichtnahme auf das Kind zu vermeiden. Angemessener ist es dagegen sich klarzumachen, dass ein Kind — auch wenn es dies nicht ausspricht — es möglicherweise etwa so empfindet: „Ich freue mich zwar, dass du eine neue Partnerin oder einen neuen Partner hast — aber das ist deine Beziehung, nicht meine. Ich selbst möchte nicht mit dieser Person zusammenwohnen, ich möchte nicht mit ihr in Ferien fahren — macht was Ihr wollt, aber ich empfinde nun einmal so, ich habe mir diese Person nicht ausgesucht."

Wie gesagt: Längst nicht immer ist diese Reaktion vorhanden, aber wenn sie erfolgt, hat sie die gleiche Berechtigung wie die Entscheidung der Erwachsenen zu einer neuen Beziehung und muss von den Erwachsenen, so schwer das auch fällt, respektiert werden. Die Haltung dagegen, wonach sich Kinder der neuen Situation einfach anzupassen hätten, muss klar als Teil einer heute überholten Pädagogik zurückgewiesen werden, die der besonderen Verletzlichkeit und Bedürftigkeit der kindlichen Seele zu wenig Raum zumisst.

Die Beziehung der künftigen Patchwork-Mutter oder des künftigen Patchwork-Vaters folgt vollkommen anderen Regeln als die Beziehung der Patchwork-Eltern untereinander.

Neu hinzukommende Partnerinnen und Partner sollten sich also auf die Herausforderung einstellen, sich den Respekt und irgendwann vielleicht auch die Zuneigung der Patchwork-Kinder erst erarbeiten zu müssen, dies aber keinesfalls einfach voraussetzen.

Foto: Dragon30 Quelle: Photocase

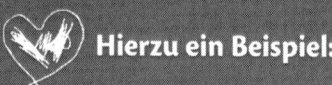 **Hierzu ein Beispiel:**

In einem Beispielfall kam ein „neuer Vater" in den Haushalt einer schon länger geschiedenen Mutter mit vier teilweise pubertierenden Kindern. Einige von ihnen lehnten den neuen Mann im Haus heftig ab. Anders als der leibliche Vater, der aufgrund seiner Karriere ohnehin nur am Sonntag zu Hause gewesen war und den die beiden jüngeren Geschwister überhaupt nur von Wochenendbesuchen her kannten, setzte sich der Patchwork-Vater aufopfernd im Haushalt ein und war für außenstehende Beobachter ein wirklich rührender Vater — nur war er eben nicht der „echte", und dies bekam er häufig zu spüren. „Von dir lasse ich mir nichts sagen, du bist nicht mein richtiger Vater!" — auf diese Formel bringt der Kindermund in solchen Konfliktfällen die Sachlage. Der betreffende neue Partner trug es mit einer Engelsgeduld.

Wahrscheinlich hatte sich die gezeigte Ablehnung gar nicht so sehr gegen seine Person sondern eher dagegen gerichtet, dass sich durch den Entschluss der Mutter zur Trennung eine Situation ergeben hatte, welche die Kinder in unterschiedlicher Intensität abgelehnt hatten. Aus Liebe zur Mutter war aber gegen sie kein Groll geäußert worden, sondern dieser hatte sich nur gegen den neuen Partner gerichtet. Erst sehr viel später, teilweise erst, nachdem sie schon aus dem Haus waren, konnten die Kinder dem neuen Partner ihrer Mutter mehr Wertschätzung entgegenbringen und ihn wie einen älteren Freund annehmen.

Machen wir uns noch einmal zusammenfassend klar:
Wer sich für eine Patchwork-Familie entscheidet, muss auf viel, viel Mühe und Arbeit gefasst sein — weit mehr, als selbstverständlich auch schon eine „normale" Familiengründung an Herausforderung bedeutet!
Eine ganze Reihe von Tugenden sind dabei zu beherzigen: Neugier, Toleranz, Offenheit, Abenteuerlust, Geduld, Kompromissbereitschaft, Gelassenheit, Frustrationstoleranz und vor allem: Humor, Humor, Humor!
Alle Beteiligten in allen Patchwork-Familien haben ihr eigenes Schicksalspaket, das sie mitbringen. Jeder und jede Einzelne ist hier aufgefordert, diese für sich zu bearbeiten (mit Ausnahme natürlich der Kinder). Es geht darum, miteinander zu lernen und in Patchwork-Konstellationen feinfühlig und verständnisvoll mit den Bedrängnissen des Einzelnen umzugehen.

Vater – Mutter – Kind

⌁⌁⌁ Auch auf die Gefahr hin, dass es leicht altmodisch klingt: Die Erfahrungen aus der familientherapeutischen Beratung weisen immer wieder darauf hin, dass sich die Kinder in Trennungssituationen nichts mehr wünschen, als dass Papa und Mama zusammenbleiben oder wieder zusammenkommen (bei Kindern, die in gleichgeschlechtlichen Beziehungen aufwachsen, betrifft das entsprechend das Eltern-Paar). Kinder wollen an der ursprünglichen Konstellation festhalten, selbst wenn sich diese als schwierig erweist oder bereits offensichtlich gescheitert ist. Das bedeutet selbstverständlich nicht, dass diesem Wunsch der Kinder immer und unbedingt nachzukommen ist – alle Beteiligten sollten aber zumindest verstehen, was sich da in den Tiefen der kindlichen Gemüter regt.

Immer wieder äußern Kinder sogar noch Jahre nach einer Trennung und Neuverpartnerung der Eltern eine Art Sehnsucht, dass es am schönsten doch in der ursprünglichen Konstellation wäre. Selbst wenn die Kinder längst ein eigenständiges Leben führen – die Vorstellung, dass die ursprünglichen Eltern wieder zusammenkommen könnten, bleibt oft ein heimlicher Wunsch. Elternschaft ist heute nicht mehr an das Vorhandensein einer sexuell bi-polaren Beziehung gebunden – das ist ein Ergebnis der Freiheitsentwicklung und auch gut so. Gleichzeitig scheint die Dreiheit von *Vater — Mutter — Kind* ein im Menschheitsbewusstsein tief verankertes und wirksames Bild, ein Archetyp zu sein. Selbstverständlich gibt es Situationen, wo es angesichts einer etwa von Gewalt oder auch nur dauerhaftem Unfrieden geprägten, realen Familiensituation nicht angebracht ist, an einem Idealbild festzuhalten, sondern nüchtern die nötigen Konsequenzen zu ziehen.

Foto: .marqs Quelle: Photocase

Kinder und Reproduktionsmedizin

⁓ Wie tief die Rolle der leiblichen Eltern unserem Verhalten eingeschrieben ist und wie zentral sie sich für die Identitätsbildung von Kindern und Jugendlichen erweist, zeigen uns zahlreiche Mythen der Menschheitsgeschichte, Figuren aus Literatur und Film. In vielen dieser Geschichten spielt die leibliche Abstammung eine Rolle, die sich gegen alle sonstigen Beziehungen geltend macht. Ödipus ist ein tragischer Fall dieses Rechts der Abstammung. Umgekehrt gibt es viele glückliche Märchen, in denen sich ein lange verschütteter Abstammungszusammenhang dann doch durchsetzt: das verstoßene Königskind, das als armer Leute Kind aufwächst und dann doch den Thron besteigt. Auch die Bibel ist voller solcher Geschichten — man denke an Moses.

Ein moderner Sonderfall von Kind- und Elternschaft, an dem sich in diesem Zusammenhang vieles ablesen lässt, verdankt sich den Möglichkeiten der modernen Reproduktionsmedizin.

Keine Kinder bekommen zu können galt über Jahrtausende als Schicksal. Auch wer nicht an Schicksal glaubt, empfindet es vielfach auch heute noch als einen Vorgang besonderer Art, zu dem mehr gehört als nur der Entschluss von zwei Menschen, wenn sich ein Kind ankündigt. Selbst wenn ein Kind bewusst gewollt ist: Wenn es tatsächlich kommt, ist das mehr als nur die Summe zweier Willensentscheidungen und des richtigen Zeitpunktes; es bleibt etwas Unberechenbares, alles rationale Planen Übersteigendes dabei, das die Eltern oft als Geschenk erleben.

Demgegenüber macht sich gesellschaftlich seit relativ kurzer Zeit ein ganz anderes Motiv geltend, das man in den Satz fassen könnte: „Ich habe ein Recht auf ein Kind." Hier sind keine höheren Gefühle mehr im Spiel, es geht um vermeintlich nüchterne Ansprüche. Auf die Idee, dass wir das Recht auf ein Kind auch in jedem Falle einlösen können, hat uns der medizinische Fortschritt gebracht. Erstmals seit den 1960er und 1970er Jahren, damals zunächst mit großem Aufsehen verbunden und inzwischen fast selbstverständlich, bietet die moderne Reproduktionsmedizin unfruchtbaren Paaren oder auch einzelnen Frauen eine Vielzahl von Möglichkeiten, ihren Kinderwunsch umzusetzen. Bis zu fünf Millionen Kinder sind inzwischen weltweit auf diesem Wege entstanden. Fragen wie die, warum eigentlich der unerfüllte Kinderwunsch oftmals zu einem persönlichen Drama wird, ob es nicht eine Herausforderung wäre, wie eine Frau oder ein Paar auch ohne Kinder eine erfüllte Beziehung leben könnten, treten angesichts des medizintechnisch Möglichen zurück. Die Tatsache, dass ein Paar trotz aller Sehnsucht und Anstrengungen kinderlos bleibt, könnte auch eine Frage danach aufwerfen, mit welchem tieferen Sinn sich ein solches Schicksal füllen könnte. Möglicherweise warten in einem solchen Fall ganz andere, große Herausforderungen und Aufgaben?

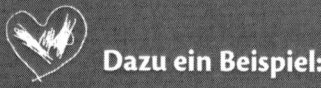

Dazu ein Beispiel:

Ein Ehepaar kommt in die Therapie, weil sich aus dem unerfüllten Kinderwunsch viele Probleme in der Partnerschaft ergeben hatten. Sie hatten sich auch die Frage nach dem Schicksal schon gestellt. Vier Wochen nach dem Gespräch erhält die Therapeutin einen Anruf, dass die Schwester der Ehefrau und deren Mann bei einem Auslandsaufenthalt tödlich verunglückt sind und zwei verwaiste Kinder von sechs und acht Jahren hinterlassen. Das Schicksal hatte sich für sie auf eine vollkommen unerwartete Weise gewendet. Sicherlich ist dieses schreckliche Beispiel nicht für jeden Fall von Kinderlosigkeit übertragbar. Es zeigt aber, dass es manchmal wichtig ist, zumindest eine Zeitlang abzuwarten und auch auf die Peripherie des eigenen Lebens zu achten. Es ist kein Einzelfall, dass „der liebe Gott" noch so manches in seiner „Wundertüte" hat, was wir nicht kennen können. Manchmal übersehen wir im Verfolgen unserer eigenen Vorstellungen für unser Leben, wie es vielleicht ganz anders „gemeint" ist. Das Problem ist komplex, d.h. im Sinne unserer Freiheit können wir immer tun, was medizinisch möglich ist. Diese Freiheit ist eine unendlich kostbare Errungenschaft unserer Zeit. Aber die Folgen (siehe Goethes „Zauberlehrling", der die Geister, die er rief, nicht mehr loswurde)unserer Entscheidungen sind unübersehbar. Und dies betrifft sowohl die Kinder, die durch Reproduktions-medizin gezeugt wurden, als auch die jeweiligen Eltern, in welcher Rolle auch immer, sei es nun als Leihmutter oder Samenspender.
Für eine spirituelle Entwicklung eines Menschen sind die Konsequenzen noch viel weniger zu antizipieren.

Der ganzen Komplexität dieses Themas können und wollen wir in diesem Rahmen nicht nachgehen. Grundsätzlich gehört die Reproduktionsmedizin in den Spielraum der typisch modernen Selbstermächtigung des Menschen und seiner Emanzipation gegenüber Zuständen und Verhältnissen, die ehemals einfach als Schicksal hingenommen wurden. Eine irgendwie geartete Verurteilung dieser Praxis oder gar eine Stigmatisierung der auf diese Weise entstandenen Menschen ist daher unangebracht, auch wenn es gewichtige Fragen gibt, was die möglichen Folgen sind — vor allem für die Kinder und ihre früher oder später auftretenden Fragen nach ihrer Herkunft und Identität.

Denn die Methoden der extrakorporalen und assistierten Befruchtung, der Nutzung von Samenbanken und Leihmutterschaften (Letzteres ist in Deutschland bislang verboten) stellen das traditionelle Gefüge von Eltern- und Verwandtschaft massiv in Frage. Auf diese Weise sind Konstellationen nicht nur denkbar, sondern bereits tausendfach existent, in denen Kinder bis zu fünf an ihnen beteiligte „Eltern" haben: Im Extremfall sind dies die Leihmutter, die Ei-Spenderin, der Samenspender und zwei Eltern, die das Kind schließlich aufziehen. Aber auch bei entsprechend weniger komplizierten Konstellationen dürfte klar sein, wie verwirrend im Blick auf die eigene Identitätsbildung sich dies für die in solchen Verhältnissen Heranwachsenden auswirkt. Dies bedeutet, wie erwähnt, keine grundsätzliche Kritik an unterstützter Empfängnis. Denn wenn hier einige problematische Aspekte angesprochen werden, kann man auf der anderen Seite ebenso betonen: Kinder, die auf diesem Wege ins Leben kamen, sind auf jeden Fall Wunschkinder. Ihre Eltern haben vielfältige Anstrengungen, die Mütter insbesondere auch körperliche Strapazen auf sich genommen, um schwanger werden zu können. Die so empfangenen Kinder sind also besonders ersehnt und mit viel Liebe willkommen geheißen worden — und dies bedeutet in jedem Fall eine unendlich wertvolle Ressource für den weiteren Lebensweg. Ein Problem könnte allerdings darin liegen, dass die Mütter aufgrund dieser besonderen Mühe auch besondere Erwartungen und Ansprüche mit diesen „Wunschkindern" verbinden. Dies würde sich allerdings nur dann problematisch auswirken, wenn es im Unbewussten verbleibt und dann womöglich Aggressionen und versteckte Feindseligkeiten hervorruft.

Im Kontext von sozialem Patchwork soll uns vor allem interessieren, welche besonderen tiefenbiographischen und emotionalen Verwicklungen hier auftreten können. Denn die biologisch-schicksalsmäßige Herkunftsfrage beschäftigt Kinder auch, wenn sie auf natürliche Weise gezeugt wurden, aber ihre leiblichen Eltern nicht kennen. Was empfinden die Kinder, wenn sie etwa durch den Rückgriff auf anonyme Samen- und Eizellen entstanden sind und nichts von ihren biologischen Eltern, in der Regel also nichts von ihrem biologischen Vater, wissen? In der Anfangszeit der künstlichen Befruchtung ignorierte man alle Fragen, die nicht zu der labormäßigen Herbeiführung einer Schwangerschaft gehörten — ganz in der Konsequenz der Annahme, dass es sich ja auch bei der natürlichen Empfängnis um nichts anderes als die mechanische Zusammenführung von Ei- und Samenzelle handle und alles andere eher entbehrliche Romantik sei. Es ging zunächst allein darum, wie man trotz aller biologischen Hindernisse dennoch Frauen beziehungsweise Eltern ein Baby verschaffen konnte. Was die einmal daraus entstehenden Kinder und Erwachsenen über diese Form ihrer Herkunft denken würden, war kein Thema.

Eine Generation später traten dann die Fragen der „Retortenkinder" nach ihrer biologischen Herkunft und ihr Wunsch, als Jugendliche oder Erwachsene wissen zu wollen, von welchen physischen Menschen sie abstammen, mit einer Wucht hervor, die in kein materialistisches Deutungsschema passte. Bis heute betrifft dies (sofern die Eizellenspende verboten ist) die Identität des Vaters, der als Samenspender bei einer Befruchtung beteiligt war. Durch die zunehmende Praxis der Leihmutterschaft fällt aber in manchen Fällen sogar die Frage „Von wem stamme ich ab?" und „Wer hat mir das Leben geschenkt?" auseinander.

Dazu ein Beispiel:

Ein junger Mann, der aufgrund schwerer Identitätsprobleme Hilfe suchte, kam mit der existenziell empfundenen Frage in die Therapie: „Wer bin ich eigentlich?" Seine Mutter hatte sich mit Hilfe einer Samenbank ihren Kinderwunsch erfüllt. Eher lakonisch, so als wollte er seine Betroffenheit über die Art seiner Entstehung nicht recht zulassen, sagte er: „Also kein Kind der Liebe, mehr mechanisch — irgendwie unromantisch und auch traurig, nicht wahr?"

Mit dem Frage-Drang der Kinder haben sich inzwischen auch die Gerichte beschäftigen müssen. Zwar befand in Deutschland der Bundesgerichtshof im Jahr 1989 eindeutig über das Recht, die eigenen Eltern zu kennen. Mit Blick auf den Vater sind in der Praxis jedoch noch bis ins Jahr 2007 die Daten von Samenspendern nur zehn Jahre aufbewahrt worden und dann, wie bei medizinischen Unterlagen üblich, vernichtet worden. Von diesem Zeitpunkt an schreibt nun ein Gesetz die Aufbewahrung für den Zeitraum von 30 Jahren vor. Es ist deshalb heute für jeden Menschen ab seiner Volljährigkeit sein gutes Recht zu erfahren, wer sein Erzeuger ist beziehungsweise wer seine Eltern sind.

Der US-amerikanische Spielfilm „The Kids Are Allright"
zeigt die Geschichte zweier Teenager, die als Kinder
eines lesbischen Paars aufwachsen. Beide sind mit Hilfe
einer anonymen Samenbank entstanden. In der
Pubertät erwacht bei dem Jungen der starke Drang,
den leiblichen Vater kennenzulernen. Seine eben
volljährig gewordene Schwester hilft ihm dabei, ihn zu
ermitteln. Der aufgefundene leibliche Vater freut sich,
„seine" Kinder kennenzulernen, auch das lesbische Paar
ist offen für einen Kontakt.
Die Beziehung des leiblichen Vaters zur Familie führt
jedoch zu unerwarteten Komplikationen: Die leibliche
Mutter der Kinder beginnt eine Affäre mit dem Samen-
spender-Vater, so als wolle die emotionale Seite dieser
Beziehung nachgeholt werden. Die Mutter schreckt
jedoch davor zurück, ihre langjährige
Partnerin massiv zu enttäuschen und beendet abrupt
die Beziehung zu dem Mann.
Verlierer der ganzen Angelegenheit ist der Samenspender,
der am Ende als „Eindringling" dasteht und zurück in
die Anonymität gedrängt wird, weil das Paar keinen
weiteren Kontakt mehr will.

Mit seinem leicht pädagogisch wirkenden Schluss (die Integrität des lesbischen Paars ist am Ende wiederhergestellt und der Mann war der Störenfried) hinterlässt der Film den Eindruck, dass Verdrängung doch die bessere Alternative ist. Dies allerdings wäre fatal. Aus familientherapeutischer Sicht zeigt der konstruierte Fall nämlich, dass mit dem Auftauchen des leiblichen Vaters für alle Beteiligten ein Prozess der Aufarbeitung und Integration nötig wird. Dazu lässt es die Filmhandlung aus welchen Gründen auch immer leider nicht kommen.

Der Film illustriert jedenfalls gut die zahlreichen Beispiele jugendlicher Erwachsener, die alles in Bewegung setzen, weil sie plötzlich das tiefe Bedürfnis empfinden, die bisher unbekannte Seite ihrer Herkunft auszuleuchten. Dieser Drang soll hier als Veranschaulichung dafür dienen, welches Gewicht der biologisch-schicksalsmäßigen Herkunft für die Bildung der eigenen Identität zukommt.

Die Lebensgeschichte einer inzwischen reifen Frau ist ein Beispiel für ein Kind, das seinen leiblichen Vater nicht gekannt hat. Der Mann an der Seite seiner Mutter war nicht sein leiblicher Vater. Seinen biologischen Vater hat das Kind nie kennengelernt, weil es das Ergebnis einer leidenschaftlichen Affäre seiner Mutter war. Ihr Mann hatte sich in das Faktum hineingefunden und das Mädchen an Kindes statt angenommen. Soweit, so gut. Das Problem war, dass das Mädchen immer — und mit zunehmendem Alter immer stärker — das Gefühl hatte, dass mit dem Mann, der sein Vater sein sollte, etwas nicht stimmte. Spätestens mit 18 war eine innere Gewissheit da, dass er nicht ihr leiblicher Vater war — an bestimmten Ausdrucksweisen bemerkte die inzwischen junge Frau, dass sich so ein wirklicher Vater niemals verhalten hätte. Aber weder er noch die Mutter waren bereit, dem Kind die Wahrheit zu sagen, um den Anschein einer „heilen Familie" zu wahren. Erst mit 40 Jahren erfuhr die Frau die Wahrheit. Diesen Vertrauens-bruch hat sie ihren Eltern immer vorgeworfen. Er war umso gravierender, als viele andere Familienmitglieder, unter anderem auch der Bruder, die Wahrheit kannten. Das Gefühl, hintergangen worden zu sein, war und ist schlimm. Dabei war der Stiefvater ein herzensguter Mann. Das Mädchen bzw. die Frau war ihm auch tief dankbar dafür, dass er sie als Kind angenommen und immer gut behandelt hat — noch lieber aber hätte sie ihm diese besondere Dankbarkeit selbst gezeigt. Stattdessen musste sie zeitlebens mit einem inneren Widerspruch leben zwischen dem deutlichen Gefühl, dass er nicht ihr Vater war, und dem Willen, dem Wort der Eltern zu glauben.

Mit einer solchen Lebenslüge groß zu werden und den Widerspruch zwischen den Gefühlen und der Loyalität zu den Eltern auszuhalten zu müssen, ist eine schwere Bürde. Trotzdem war es eine große Erleichterung für die Frau, dann doch endlich erfahren zu haben, dass sie das Kind einer — wenn auch unglücklich verlaufenen — Liebe war und ist.

Foto: luxuz Quelle: Photocase

Leibliche Elternschaft
— die unterschätzte Macht

~~~~~ Auch innerhalb der Herkunftsfamilie gibt es natürlich den Fall, dass ein Kind mit einem Elternteil weniger gut zurecht kommt als mit dem anderen. So manche Tochter hat es nicht einfach mit dem Vater (oder vielleicht mit einem bestimmten Typ Vater), in anderen Fällen haben Söhne mit Müttern Probleme und fühlen sich mehr vom Vater verstanden (oder auch umgekehrt). Die Ausgangssituation aber ist im Falle der biologischen Eltern-Kind-Beziehung eine andere, zumal wenn man erweiternd die Idee des Schicksals hinzunimmt (die man allerdings keinesfalls als Erklärung für jedweden Zustand heranziehen darf).

In der Anthroposophie Rudolf Steiners wird Schicksal im Sinne einer in der Tiefe selbst gesuchten Konstellation verstanden. Daraus lässt sich die These entwickeln, dass sich — in welch rätselhafter Form auch immer — die Kinder ihre Eltern „suchen". Das heißt keineswegs, dass Eltern in jedem Fall so wie sie sind, für die Kinder „gut" sind, weil sie sich schließlich die Eltern selbst „gesucht" haben. Aber wenn wir die Eltern-Kind-Beziehung als eine schicksalhafte verstehen, die tief unbewusst von den Kindern „gewollt" wird, dann können wir zumindest besser nachvollziehen, warum die leibliche Verwandtschaft in aller Regel für die Kinder eine so elementare, nicht nur physische, sondern auch seelisch-emotionale Dimension hat.

Vielleicht muss man gar nicht auf eine spirituelle Ebene gehen, um das Einzigartige einer leiblichen Abstammung zu verstehen, sondern kann auch im Rahmen einer erweiterten Biologie ahnen, welche gewaltige Energie mit der Vereinigung von weiblichem und männlichem Erbgut zu einer neuen Individualität einhergeht. Die Phänomene im Zusammenhang mit der assistierten Empfängnis haben ja gezeigt, dass die emotionale Tiefenbindung an die leiblichen Eltern nicht allein aus der frühkindlichen Prägungsphase zu verstehen ist. Ein elementares Verlangen, beispielsweise seinen leiblichen Vater kennenzulernen, kann auch auftreten, wenn es nie eine psychische Interaktion zwischen diesem Vater und seinem Kind gegeben hat. Das Gewicht einer primären, leiblich begründeten Eltern-Kind-Beziehung ist — im guten wie im schlechten Sinne — unvergleichbar größer als das einer später eingegangenen, sekundären Bindung. Die Beziehung eines Kindes zu seinen Eltern muss aufgrund ihrer schicksalsmäßig-biologischen Verankerung nicht unbedingt im vordergründigen Sinne eine harmonische sein — es gibt auch das Phänomen, dass sich Kinder den Widerstand der Eltern suchen, dann hat eben auch dies eine andere Verwurzelung, als wenn es sich beispielsweise nur um einen Lehrer handelt. Und ebenso selbstverständlich wie bedauerlich gibt es auch die Möglichkeit, dass die schicksalsmäßig „gesuchten" Eltern versagen.

Die Tiefenverwurzelung der leiblichen Eltern-Kind-Verbindung hat auch zur Folge, dass diese Bindung schwer oder gar nicht zu lösen ist. Dies zeigt sich im Negativen in allen Formen von Abhängigkeit, wenn etwa Kinder trotz schlechter Behandlung doch an ihren Eltern hängen. Positiv bedeutet das: Die Toleranz- und Frustrationsbereitschaft ist bei Kindern den leiblichen Eltern gegenüber weitaus größer als bei Patch-work-Bezugspersonen. In einer Ursprungsfamilie erleben Kin-der Höhen und Tiefen, aber sie machen die Erfahrung, dass am Ende doch der tragende Rahmen erhalten bleibt, dass die positiven Erfahrungen überwiegen, dass es neben manchem Streit auch schöne Familienurlaube und spannende Ausflüge am Wochenende gibt. Wenn die Eltern immer wieder einmal nerven, wird das verziehen. Auch wenn leibliche Eltern bei mehreren Kindern in der Familie bewusst oder unbewusst Vorlieben für eines der Kinder haben oder wenn sich die Eltern gemeinsam gegen ein Kind solidarisieren („Was du dir da in der Schule geleistet hast, gefällt uns aber gar nicht, mir und der Mama!") wird das vom betroffenen Kind längst nicht so dramatisch registriert wie in einer neuen Beziehung. Im Rah-men einer leiblich-schicksalsmäßigen Familie wird so etwas vom Kind leichter verziehen, weil die Konstellation als solche anders verwurzelt ist und anders trägt. Anders im Falle von Patchwork: Hier verstärkt eine unangebrachte Solidarisierung oder auch Verletzung die ohnehin immer latent vorhandene Anfangs-Enttäuschung und Verunsicherung des Grundver-trauens.

Das alles muss und soll nicht moralisch verstanden werden im Sinne eines „Besser" oder „Schlechter". Patchwork ist im Verhältnis zur leiblichen Eltern-Kind-Beziehung einfach an-ders. Wir werden aber noch sehen, welche besonderen Quali-täten gerade aus dem Patchwork-Verhältnis heraus entstehen können — die wiederum ganz anders aussehen als die in der biologisch-schicksalsmäßigen Ursprungsfamilie. Es sind dann mehr „erarbeitete" Qualitäten. Beides darf nicht gegeneinan-der ausgespielt werden.

Härtetest Solidarität

〜〜〜 Die leibliche Abstammung bildet also eine elementare und folgenreiche Dimension für die Identitätsbildung jedes Menschen. Wir sollten uns daher nicht darüber wundern, welch starken Einfluss sie auf die Gestaltung von Beziehungen hat, obwohl wir doch meinen, diese von unseren bewussten Absichten her gestalten zu wollen. Immer wieder kommt es aber gerade in Patchwork-Familien zu heftigsten Kollisionen zwischen der bewussten, emotional-sozial-rationalen Ebene und der darunter befindlichen Ebene der leiblichen Bezugsverhältnisse. Gerade die neu hinzukommenden Partner, die dann zu Patchwork-Vater oder -Mutter werden, müssen auf Konfrontationen gefasst sein, die sich diesem Ebenen-Unterschied verdanken.

Eine deutliche und gar nicht seltene Verwerfung tritt ein, wenn die Kinder, wie oben bereits dargestellt, den neuen Partner oder die neue Partnerin ablehnen, aus welchen Gründen auch immer. Es können persönliche Aversionen sein oder auch die Tatsache, dass die Neu-Verbindung des bisherigen Elternteils grundsätzlich nicht gutgeheißen wird. In diesem Fall stellt sich für die Kinder, auch wenn selbstverständlich keiner der Beteiligten eine solche Rivalität bewusst will, bisweilen unweigerlich die Frage: Mit wem solidarisiert sich eigentlich mein Vater (meine Mutter), wer geht für ihn vor, wenn ich mit der neuen Beziehung *nicht* einverstanden bin: die neue Partnerin (der neue Partner) oder ich? Wenn es zu solchen Situationen kommt — und es kommt häufiger zu ihnen als einem lieb ist —, bedeutet dies einen ersten Härtetest nicht nur für den leiblichen Vater bzw. die Mutter, sondern vor allem auch für den neuen Partner oder die Partnerin. Es stellt sich für den Partner oder die Partnerin dann die Frage, ob er oder sie es mit einem reifen Menschen zu tun hat, der diese Ablehnung nicht persönlich nimmt, sondern damit umgehen kann: „Übersteht unsere neue Liebe diese Bewährungsprobe? Versteht meine neue Partnerin oder mein neuer Partner, wie wichtig mir mein Kind ist?"

In einer Scheidungs- oder Trennungssituation sollten immer die Kinder höchste Priorität genießen. Bei aller Freude über das Finden einer neuen Liebe hilft es allen Beteiligten, wenn die leiblichen Eltern diesen Grundsatz nie aus dem Auge verlieren. Leider ist gar nicht so selten das Gegenteil der Fall und die Neuverliebten leben, ohne die besondere Situation der Kinder ausreichend wahrzunehmen, unreflektiert ihren Honeymoon aus. Es besteht dann die Gefahr, dass in der Euphorie der neuen Beziehung die durch den Übergangszustand besonders prekäre und verletzliche Gefühlslage der Kinder unter den Tisch fällt.

Vielleicht gibt es sogar manchmal eine unbewusste Erwartungshaltung, dass das Glück des neuen Paares nicht durch ein Querstellen der Kinder gestört werden möge. Während man das bei anderen in der Regel schnell bemerkt — gerade weil man selbst so verliebt ist, bemerkt man es bei sich selbst oft nicht. Kinder können dann sogar unter der Verliebtheit der Eltern leiden, würden das aber, auch wenn sie es aufgrund ihres reiferen Alters schon könnten, wahrscheinlich aus Liebe zum leiblichen Vater oder zur leiblichen Mutter nicht äußern, um ihn oder sie nicht zu verletzen. Leiden tun sie trotzdem — oder gerade deswegen. Wenn dann noch im Falle einer versteckten oder deutlichen Ablehnung des neuen Partners der Verdacht hinzukommt, dass sich der leibliche Vater beziehungsweise die Mutter auf Kosten des eigenen Kindes mit dem neuen Partner (der neuen Partnerin) solidarisiert, wird dem Kind emotional der Boden unter den Füßen weggezogen. Es hat dann nicht nur die eine Hälfte der Eltern verloren, sondern eigentlich beide, zumindest kann es sich so anfühlen. Für das Gefühl einer grundlegenden existenziellen Lebenssicherheit — das ja für das Kind äußerlich und noch mehr innerlich fast ganz von den Eltern abhängt — ist es entscheidend, dass sich ein Kind auf alle Fälle auf die Solidarität von Vater beziehungsweise Mutter verlassen kann. Diese Erfahrung machen zu können oder sie entbehren zu müssen ist prägend für seine ganze weitere Biographie. Später können daraus Minderwertigkeitsgefühle, mangelndes Selbstvertrauen und Depressionen folgen. Konkret erleben Kinder und Jugendliche nach der ersten großen Erschütterung durch die Trennung der Eltern eine zweite große Enttäuschung dann, wenn die Patchwork-Eltern sich miteinander solidarisch gegen das Kind verhalten. Die Gefühle des Kindes könnten dann ausbuchstabiert so lauten, dass es denkt: „Ich bin es offenbar nicht wert, geschützt und verstanden zu werden."

Nach der Trennung:
gemeinsam Eltern bleiben?

───── Im Falle einer Trennung und beim Vorhandensein von gemeinsamen Kindern kann sich ein Paar trotz aller Konflikte, die zum Auseinandergehen geführt haben, oft in der Empfindung treffen: Auch wenn wir jetzt als Paar auseinandergehen, so bleiben wir doch gemeinsam Eltern und wollen diese Aufgabe auch weiter gemeinsam wahrnehmen. Die Liebe zwischen zwei Menschen kann vergehen, die Elternschaft aber bleibt.

Foto: Sarah Berger Quelle: Photocase

Hier lauert aber bei aller guten Absicht nicht selten eine große Illusion: Wenn das Paar nämlich in einer Trennungssituation seine Geschichte nicht restlos — und diese Bedingung ist in dieser Deutlichkeit wichtig — bereinigt hat, wenn also ungeklärte Streitigkeiten, Vorwürfe und ähnliches weiterleben, dann führt dies zwangsläufig dazu, dass die Kinder in die noch schwelenden Konflikte hineingezogen und zum „Kriegsschauplatz" werden. Die Beratungspraxis zeigt, wie häufig dies der Fall ist. Wenn sich getrennte Paare tatsächlich zu einer fortgesetzten, gemeinsam getragenen Elternschaft entschließen wollen, setzt das eine sozial tragfähige Basis voraus. Deren Voraussetzung ist die Abwesenheit aller Arten von „Schlammschlacht" und übler Nachrede, aber auch von offenen oder versteckten Vorwürfen, stattdessen vielmehr der gegenseitige Respekt, ja mehr noch, bleibende Achtung und Wertschätzung. Befindet sich das Paar dagegen in fortgesetztem Konflikt oder in ungeklärten Rechtsvorgängen (Sorgerecht) oder gibt es gar Streit ums Geld (Unterhalt!), ist eine gemeinsam ausgeübte Elternschaft nahezu unmöglich.

Ein Beispiel:

Eine geschiedene Frau wertet ihren früheren Mann und Vater ihres Sohnes von Grund auf ab; es ist ihr nicht möglich gewesen, die erlittenen Verletzungen zu überwinden und die Tatsache zu akzeptieren, dass er sie wegen einer anderen Frau verlassen hat. Die Trennung ist bei ihr nie verheilt und das Bild ihres früheren Mannes ist fast ausschließlich mit den negativsten Qualitäten besetzt. Weil das so ist, kann sie fast gar nicht anders als all diese Qualitäten und die damit verbundenen Urteile auch auf den bei ihr lebenden Sohn zu übertragen. Dies zeigt sich auch in vermeintlichen Kleinigkeiten, etwa in der Art, wie sie ihn zu Wochenendbesuchen verabschiedet, in feinen Nuancen, wenn sie sich anschließend nach der gemeinsam verbrachten Zeit mit ihm erkundigt („War die Neue auch da?").

In unserem Beispiel war der gemeinsame Sohn zum Zeitpunkt der Trennung acht Jahre alt. Bis kurz vor seiner Volljährigkeit versuchte die Mutter tendenziell, das Kind so weit als möglich von seinem von ihr als moralisch verwerflich erachteten Vater fernzuhalten und auf vielfältige Weise von ihm zu entfremden. So verständlich die Haltung der Frau zu ihrem untreuen Mann vielleicht auch gewesen sein mag — die Beziehung zu ihrem Sohn nahm dadurch doch einen abermals tragischen Verlauf. Denn als Mutter und Sohn — er war inzwischen 17 Jahre alt geworden — schließlich eine familientherapeutische Beratung aufsuchen, erhebt der Sohn in Gegenwart der neutralen Therapeutin plötzlich schwere Vorwürfe gegen die Mutter: „Was zwischen dir und dem Vater geschehen ist, war sicher schlimm für dich, aber es war eben nicht mein Problem; er ist doch mein Vater und zu mir ist er immer gut gewesen. Du aber hast ihn mir weggenommen und ihn mir vorenthalten. Du hast deine moralischen Kategorien auf meinem Rücken ausgetragen!"

Heftigste Vorwürfe, die viel therapeutischen Aufwand brauchten, um nun ein Auseinanderbrechen auch noch der Beziehung von Mutter und Sohn zu vermeiden. Dazu musste die Mutter lernen zu verstehen, welchen Druck sie durch ihr Verhalten auf den Sohn ausgeübt hatte und dass es tatsächlich problematisch war, ihre eigene Enttäuschung und Verletztheit und vor allem die tiefe Ablehnung des früheren Partners auf ihr Kind zu übertragen.

Nach Trennungen und in Patchwork-Konstellationen ist es unvermeidlich, dass über frühere Partnerinnen und Partner geredet wird, auch in Anwesenheit der Kinder. Die Art und Weise, wie das geschieht, kann entweder zum Gelingen von Patchwork beitragen oder es im schlechtesten Fall auch verhindern. Man kann es auf eine einfache Formel bringen:

> *Das Schlechtmachen des früheren Partners oder der Partnerin ist in jedem Falle tabu. So schwer es auch im Einzelfall sein mag, die Erwachsenen sollten unter keinen Umständen in Anwesenheit der Kinder in negativer Weise über den jeweils anderen Partner reden oder gar versuchen, die Kinder zu „Verbündeten" in ihren Auseinandersetzungen zu machen.*

In der Regel gelingt dies einfacher, wenn bei einer Trennung kein anderer, neuer Partner beziehungsweise keine neue Partnerin im Spiel ist; dies mindert seelische Verletzungen und erhöht die Chance, in ruhiger Distanz zu einer einvernehmlichen Klärung zu kommen. Am deutlichsten ist das etwa der Fall, wenn bei Partnern ungefähr zur selben Zeit das Gefühl auftritt, dass ihre Beziehung in eine Krise oder sogar an ihr Ende gekommen ist. Oft passiert das, wenn Kinder aus dem Haus gehen und damit die bis dahin selbstverständliche verbindende „Klammer" der Ehe wegfällt. In anderen Fällen bilden unterschiedliche Entwicklungs-Dynamiken der Partner den Grund für eine Entfremdung und schließlich die Trennung: So sind es nicht selten die Frauen ab Mitte 40, die sich mit dem Ausklingen oder nach dem Abschluss der klassischen Mutteraufgaben noch einmal

„neu erfinden" wollen. Die Männer setzen in dieser Phase eher auf Kontinuität und können sich mit solchen Wandlungen ihrer Frauen nur schwer arrangieren. Bei Männern liegt der Zeitpunkt für eine mögliche neue Identitätsbildung oft später, manchmal erst nach Ende des Berufslebens. Eine Trennung ist häufig die logische Folge dieser versetzt verlaufenden biographischen Entwicklungskurven.

Sofern keine neuen Partner oder Partnerinnen dabei im Spiel sind, können in solchen Fällen die Partner zu einem eher nüchternen Umgang mit der Trennung finden. All das ist selbstverständlich auch eine Typ-Frage sowie abhängig von der Fähigkeit, von sich selbst Abstand nehmen oder mit biographisch neuen Akzenten auf eine solche Situation regieren zu können. Manche Männer fühlen sich etwa als Opfer, wenn Frauen sich so verändern, dass ihnen die bisherige Beziehung zu eng wird. Der Mann kann sich dann weigern, auch die mögliche eigene Rolle in solchen Entfremdungsprozessen anzuschauen, und lediglich die Verletzung seines Selbstwertgefühls registrieren. Opfergefühle aber sind immer eine schlechte Voraussetzung für eine trotz allem achtungsvoll fortgesetzte Beziehung zwischen ehemaligen Partnern. Wiederum als eine Art Regel ließe sich formulieren:

In genau dem Moment, in dem beide Seiten einer an ein Ende gekommenen Partnerschaft sich nicht mehr nur als Opfer erleben, sondern ihre eigenen Anteile an dem Scheitern der Beziehung annehmen, kann Frieden einkehren.

Das ist allerdings nicht mit der — zu einfachen — Formel zu verwechseln, dass zu einem Konflikt „immer zwei gehören". Die Anteile von Tun und Erleiden sind beim Nicht-Gelingen einer Partnerschaft nur selten gleich verteilt. Aber es erweitert — gerade auch bei dem- oder derjenigen, auf dessen oder deren Seite mehr Erduldens-Anteile lagen — den inneren Handlungs-Spielraum ungemein, wenn es gelingt, aus der Rolle des bloßen Opfers herauszukommen.

Denn die Schuld-Zuweisung an einen anderen erleichtert nur scheinbar. In einer tieferen Schicht der Seele bindet diese Zuweisung uns selbst in einer als negativ erlebten Rolle. Wenn es gelingt, sich solchen Prozessen der Selbsterkenntnis zu stellen, bedeutet das, eine gesunde Distanz zu sich selbst zu gewinnen, sich ein Stück weit wie von außen sehen zu können. Dadurch wird die emotionale Verstrickung gelockert und im besten Falle sogar gelöst. Und dies ist, um schließlich auf die Beziehung zu den Kindern zurückzukommen, auch die beste Voraussetzung, um mit den gemeinsamen Söhnen und Töchtern in einer konstruktiven Stimmung über den jeweils anderen Partner sprechen zu können. Wenn die Eltern bereit sind, Verantwortung für ihre eigenen Anteile zu übernehmen, profitieren auch die Kinder davon. Fortgesetzte Elternschaft nach einer Trennung hat nur Aussichten auf Erfolg, wenn Eltern die zur Aufarbeitung nötigen Schritte gehen. Dann folgt die konstruktive Kommunikation über den früheren Partner nicht aus unterdrückten Emotionen, sondern aus Reife.

Kinder müssen kein „Verständnis haben"

〜〜〜 Erwachsene fordern in Beziehungsfragen oft unausgesprochen von ihren Kindern Verständnis für ihre Situation ein. Bei kleineren Kindern geschieht das vollständig unbewusst, da die Kinder einfach mit-leben, was die Eltern tun. Bei Jugendlichen erwarten Eltern aber nicht selten auch explizit, dass ihre Situation, zum Beispiel der Entschluss zu einer Trennung oder der zu einer neuen Partnerschaft mitsamt eines neuen Zusammenlebens, von den Kindern „verstanden" wird. Sie setzen damit bei ihren jugendlichen Kindern ein Verständnis für etwas voraus, was sie oft selbst nicht ganz durchschaut haben, sondern sich ihnen als Ergebnis verwickelter Lebensfäden ergeben hat und in den seltensten Fällen Produkt einer transparenten Entscheidung war. So etwas zu „verstehen" würde bei Jugendlichen eine Ich-Leistung voraussetzen, die sie noch gar nicht leisten *können.* Zu der primären Zumutung, die Zerstörung der ehemals stabilen kindlichen Bindungsstrukturen kompensieren zu müssen, tritt dann noch die — unterschwellige — Erwartung hinzu, die Entscheidungen des Erwachsenen für eine neue Bindung mitzutragen. Dies aber bedeutet eine doppelte Überforderung!

Über eines muss sich jeder im Klaren sein: Es ist das gute Recht eines erwachsenen Menschen, seinen Gefühlen zu folgen und über den Fortbestand oder den Neubeginn einer Beziehung zu entscheiden. Es ist aber keineswegs sein Recht zu erwarten, dass sich sein Kind oder seine Kinder in gleicher Weise mit seiner Gefühlslage beschäftigen und diese teilen. Nein: Der oder die Erwachsene muss sich darauf einstellen, nun in Vorleistung zu gehen, sich mehr um sein oder ihr Kind zu kümmern und sich nicht etwa darauf zu verlassen, dass das Kind automatisch von der eigenen, neuen positiven Lebensstimmung profitiert. Auch auf emotionaler Ebene gilt: Patchwork erfordert ein immenses Mehr an Aufwand! Wenn das Kind diesen Mehraufwand erlebt und empfindet: Jetzt, in der neuen Situation, kümmert sich mein Vater oder meine Mutter mehr um mich und er oder sie interessiert sich dafür, wie es mir bei allem geht, dann hat das Kind eine Gelegenheit, auf dieser Ebene, also mehr indirekt, eine Anerkennung zu leisten — nicht aber direkt gegenüber dem neuen Partner bzw. der Partnerin.

Die Mutter oder der Vater, durch deren Entscheidungen ein Kind gezwungen wurde, die ursprüngliche Bindung zu verlieren, können wissen oder zumindest ahnen, welche Zumutungen daraus für das Kind entstanden sind. Sie wissen, was in einer Trennung nicht gut gelaufen ist, wo das Kind oder die Kinder besonders gelitten haben. Diese Zumutungen zu verstehen und auch die Verantwortung dafür einzugestehen, jetzt, wo eine andere Situation ansteht, für eine emotionale Unterstützung des Kindes oder der Kinder zu sorgen, ist Aufgabe der reifen Erwachsenen — nicht aber ist es Aufgabe der Kinder, emotional beziehungsweise willensmäßig in das Gelingen einer neuen Beziehung zu investieren. Wenn aber die Kinder merken und fühlen: Meine Mutter oder mein Vater sorgen sich, was sie für eine Verbesserung unserer Beziehung tun können, sie bemühen sich, sie offener zu gestalten, ehrlicher über das Gewesene zu reden, dann werden die jugendlichen Kinder das Bedürfnis haben, darauf einzugehen. Daran kann eine angemessene Ich-Leistung des Kindes anknüpfen. Dass wir Fehler machen und versagen, gehört zur Natur des Menschen. Wir haben aber immer auch Chancen der Wiedergutmachung, wenn wir uns wirklich bemühen.

Eine therapeutische Unterstützung kann dabei helfen, solche Prozesse mit dem Hintergrund von viel Erfahrung und unter Beteiligung einer objektiven, unbeteiligten Instanz noch fruchtbarer zu gestalten. Dabei werden vor allem die Kinder beziehungsweise Jugendlichen dazu ermutigt, frei und ungefiltert von dem zu erzählen, was ihnen auf der Seele liegt: Wie ist es ihnen während und nach der Trennung ergangen? Die Eltern werden dazu angehalten, einfach zuzuhören, nicht zu unterbrechen, nicht zu kommentieren und sich vor allem nicht zu rechtfertigen. Sätze wie „Das ist so gewesen, weil ...“ bleiben für die Dauer der Sitzung ausgespart. Nachfragen sind allerdings zugelassen — „Wie meinst du das genau?“ Auch Signale, was die Aussagen der Kinder mit den Eltern machen, sind erwünscht, aber auf der Gefühlsebene bleibend und nicht auf eine rationale Begründungsebene ausweichend. „Ich kann verstehen, dass du damals sehr traurig warst. Was ich noch nicht verstehe ist, warum du dich damals verletzt gefühlt hast, als du die Sommerferien auf eigenen Wunsch bei der Oma verbracht hast. Vielleicht kannst du mir dazu noch etwas mehr sagen?“ — So etwa können Dialoge auf dieser Ebene aussehen.

Der Verlauf solcher Dialoge ist immer offen. Es kann und sollte von Elternseite auch nicht erwartet werden, dass die Kinder den Schritt der Eltern sozusagen „honorieren“. Es ist durchaus möglich, dass sich Kinder einem Dialog (zunächst) mehr oder weniger verweigern, weil sie zu sehr von ihren aktuellen Gefühlen eingenommen sind. Die Initiative der Eltern könnte dann vielleicht erst viel später, wenn das Kind aus einem größer gewordenen Abstand zurückschaut, trotzdem anerkannt werden. Die Bemühung ist aber ganz unabhängig von einer „Beantwortung" richtig und niemals verloren. Als Regel gilt:

> *Es ist immer der Mensch, der entscheidet, was ist und was sein soll. Deshalb kann ich in jedem Moment versuchen, dem bisher Gewesenen, dem biographischen Verlauf (oder dem Schicksal, ganz wie man will), eine andere Wendung zu geben.*

Wenn Konstellationen nicht passen

Patchwork ist seiner Definition nach das Zusammen-würfeln einer neuen sozialen Kleinst-Konstellation. Es darf nicht verwundern, dass die neu entstehenden Verbindungen dabei nicht immer reibungslos funktionieren. Was passiert zum Beispiel, wenn in einer Patchwork-Familie ein neu hinzu-gekommener Mann mit einem schon vorhandenen Kind nicht so umgehen kann, wie es dessen Mutter eigentlich für verant-wortlich hält? Wenn er etwa zu autoritär, oder aber auch zu unverbindlich mit dem Patchwork-Kind umgeht? Wenn sich dieses Problem als nicht besprechbar erweist, dann ist es über kurz oder lang so, dass die Partnerbeziehung davon entweder offensichtlich oder auch versteckt tief beschädigt werden wird. Denn wie immer sich Eltern auch an der Oberfläche mit ihrem neuen Partner identifizieren und arrangieren: Es bleibt ein Rest, wo die Eltern — ob sie wollen oder nicht — auf subtile Weise spüren, was sie ihren Kindern schuldig bleiben. Dieses Gefühl nagt dann an der Wurzel der neuen Beziehung und kann sie sogar ganz untergraben.

 **Ein Beispiel:**

Zu einer Frau und ihrem Sohn kommt als neuer Partner
ein Vater, der einen eigenen Sohn in die Beziehung
mitbringt. Der Sohn der neuen Partnerin hat es schwer,
die neue männliche Bezugsperson zu akzeptieren. Bei
Streitigkeiten fällt leicht der Satz „Von dir lasse ich mir
nichts sagen, du bist nicht mein richtiger Vater!"
Die Mutter missbilligt dieses rüpelhafte Verhalten des
Sohnes und unterstützt das entschiedene Auftreten des
neuen Partners, der beim Sohn ein respektvolles Betragen
einfordert. Sie solidarisiert sich scheinbar mit ihrem
neuen Partner gegen ihr eigenes Kind.
In der Tiefe aber zweifelt diese Mutter an ihrem eigenen
Verhalten: „Mein Sohn hat schon durch mein Verhalten
seinen Vater verloren, jetzt stelle ich mich aus Oppor-
tunismus auch noch gegen ihn, um die Beziehung zu
meinem neuen Mann nicht zu gefährden."
Zwei, drei solcher Situationen kann sie verkraften, sie
sagt sich dann: „Das Verhalten meines Sohnes ist wirklich
nicht in Ordnung", aber unbewusst stellt sie sich selbst
in Frage und fühlt, wie ihre eigene Selbstachtung davon
untergraben wird.

Dazu eine konkrete Situation aus der Praxis: Es kamen
eine Mutter, ihr 21-jähriger Sohn und der Patchwork-
Vater, der ebenfalls Kinder hatte, die aber sehr viel älter
waren. Der Sohn hatte um eine Moderation gebeten,
weil er seiner Mutter sagen wollte, wie es ihm in dieser
Patchwork-Situation gegangen ist. Er studiert inzwischen
in einer anderen Stadt. Er sagte: „Ich habe sehr gelitten,

seit der Patchwork-Vater in unsere Familie zog. Warum? Ich habe mich nie auf dich (gemeint war seine Mutter) verlassen könne, du hast dich im Zweifelsfalle mit deinem Partner solidarisiert, wenn er mich offensichtlich ungerecht behandelt hat. Ich fühlte mich doppelt betrogen, einerseits hast du mir mein Vater genommen, indem du ihn verlassen hast und andererseits fühlte ich mich im Stich gelassen, weil ich das Gefühl hatte, du hast überhaupt nicht für meinen Not interessiert. Offenbar war dir die Beziehung zu deinen neuen Partner viel wichtiger als ich. Ich finde, es ist eine Form von Hochverrat. Warum will ich dir jetzt das überhaupt sagen? Damit du verstehst, welchen Folgen dein Handeln für mich jetzt hat. Ich will dir keine Schuld zuweisen, ich möchte, dass du zumindest jetzt zuhörst und verstehst. Mein Eindruck ist, dass die Selbstwertprobleme, die ich heute habe, und meine tiefe Lebensverunsicherung mit unserer Beziehung zu tun haben. Ich kann mich so schwer auf Begegnungen einlassen und das fühlt sich so an:
Ich bin es nicht wert, dass man mich liebt und für mich einsteht. "

Diese Situation zeigt deutlich, wie sensibel die Themen Gerechtigkeit und Solidarität in allen Familien sind — und besonders in Patchwork-Familien. Warum? Weil durch die Verletzung der vertrauten Familienkonstellationen zu recht alle viel empfindlicher auf Ungerechtigkeit und unsolidarisches Handeln reagieren.

Der innere Widerspruch, der bei der Mutter rumort, spielt sich in einer fast archaisch zu nennenden Schicht ab, die mächtiger ist als jedes rationale Argument. Selbst wenn die Mutter das Verhalten ihres Mannes für sehr berechtigt hält und halten muss (denn vielleicht ist der Sohn tatsächlich etwas zu anspruchsvoll) —, auf einer tieferen Ebene empfindet sie die Solidarisierung mit ihm wie einen gegen das eigene Kind gerichteten Verrat. Hier sind selbstverständlich auch andere Vorzeichen denkbar, etwa wenn der Vater die neue Partnerin über Gebühr für sich beansprucht und beispielsweise missbilligt, wenn die Mutter mit ihrem Sohn Zeit verbringt, die nur ihnen vorbehalten ist. Es gibt Konstellationen, wo dann die Mutter aus Furcht, den neuen Partner zu verlieren, bereit ist, das eigene Kind tendenziell zurückzustellen. Früher oder später wird sich dann aber die damit verbundene, zurückgestaute Emotionalität gegen den Partner richten. Es geht hier nicht darum, ob und wie diese Verknüpfung berechtigt ist — sie entzieht sich, wie gesagt, weitgehend einer rationalen Argumentation —, sondern es geht darum, den Ernst einer solchen Situation klar beim Namen zu nennen. Denn sofern sich eine solche Verwicklung auf Dauer mit dem Partner nicht besprechen lässt, ist die Wahrscheinlichkeit groß, dass die Substanz der neuen Beziehung diesem untergründigen Riss nicht standhält. Die Betonung liegt hierbei auf dem Aspekt „nicht besprechbar" — denn nur der Weg, die Dinge ins Bewusstsein zu heben, kann ihnen ihr sprengendes Potenzial nehmen. Der konstruktive Ansatz könnte dann darin bestehen gemeinsam zu fragen: Was fehlt dem Jungen, dass er so „ausrastet"? Wie kann ihm mehr Halt gegeben werden? Wie kann das Paar seine eigene Liebe und die elementare Liebe der Mutter zu dem Jungen besser in Ausgleich bringen? Nur die Paare, die sich hier eingestehen, vor einem tiefen Problem zu stehen, haben eine Chance auf Zukunft.

Es ist wirklich ein Mysterium, wie elementar leibliche Eltern und Kinder zusammengehören und oft ist es gerade die Vergleichsmöglichkeit in einer Patchwork-Konstellation, die diesen kategorialen Unterschied verdeutlicht — zum Beispiel dann, wenn eine neue Partnerin oder ein neuer Partner das eigene leibliche Kind nicht ausreichend zu würdigen scheint.

Ein weiteres Beispiel dazu, allerdings mit einem konstruktiven Ausgang:

Ein Vater mit seinem Sohn beginnt einige Zeit nach der Trennung eine neue Beziehung, die neue Partnerin zieht in die frühere elterliche Wohnung ein.
Die Trennung erfolgte einvernehmlich, so dass es keine emotionalen Verwerfungen zwischen den früheren Eheleuten gibt. Die neue Partnerin nimmt nun zwar rein formal die „Mutterrolle" in der neu entstandenen Konstellation ein, hält sich aber sehr sensibel damit zurück, sich wie eine „Ersatzmutter" zu verhalten.
Zuvor hatte der Vater eine längere Zeit allein mit seinem pubertierenden Sohn verbracht, er war eine wichtige soziale Bezugsperson in dieser Zeit des Alleinseins.

Der Vater liebt seinen Sohn, der in der Schule als Sonderling gilt, wenig Freunde hat, dafür gern zu Hause zu sein scheint, viel liest und sich gern mit dem Vater über alle möglichen Dinge austauscht. Der Vater nimmt dafür manche Eigenart des Sohnes gern in Kauf, sieht ihm beispielsweise auch eine gewisse Unordnung nach, die er hinterlässt und auch die trotz seines Alters von fast sechzehn Jahren noch bestehenden Versorgungserwartungen, was den Haushalt angeht.

Der Vater hat nun untergründig die Sorge, dass seine neue Partnerin Anstoß gerade an diesen Schwächen seines Sohnes nimmt. Er ist dann aber sehr erleichtert, als sie ihm im Gespräch erklärt, diese Seiten zwar zu sehen, aber als liebenswerte Schwächen eines sehr introvertierten und begabten Kindes einzuschätzen. Sie erklärt, gar nicht in eine erziehende Mutter-Rolle dem Sohn gegenüber eintreten zu wollen und mit seinen Eigenheiten gut umgehen zu können. In der Folge ergibt es sich, dass — für den Vater, als er davon erfährt, ganz überraschend — der Sohn der neuen Partnerin immer wieder kleine persönliche Dinge (zum Beispiel in Bezug auf Mädchenfreundschaften) anvertraut, die er dem Vater gegenüber nie erwähnt hat. Der Vater freut sich über diese gelungene Rollenverteilung, dass sein Sohn also in seiner Partnerin wohl eher eine Art „älterer Freundin"als einen „Muttersatz" erlebt, mit der er über Dinge reden kann, die er mit seinen Eltern wohl nicht besprechen würde. Selbstverständlich erwartet er von seiner Partnerin nicht, dass sie ihm solche vertraulich übermittelte Einzelheiten weitergibt.

Die besondere Sensibilität gilt selbstverständlich auch anders-herum. Nicht nur sind Eltern besonders empfindlich, wenn ihre leiblichen Kinder ihrer Ansicht nach nicht richtig behan-delt werden, auch die Kinder reagieren — ob berechtigt oder unberechtigt spielt hier keine Rolle — unvergleichlich emp-findlicher auf Kritik, Maßregelung oder Zurückweisung durch neue Lebenspartner als bei ihren leiblichen Eltern. Während Letzteren vieles verziehen wird und sogar manche Ungerech-tigkeit keinen bleibenden Niederschlag finden muss, werden entsprechende Dinge bei den neuen Lebenspartnern genau registriert und archiviert.

Alte Rollen, neue Rollen

 **Ein Beispiel:**

〜〜〜 Ein neuer Mann tritt in die Beziehung mit einer Frau, die bereits zwei Töchter hat. Der Vater der Töchter hatte sich schon zurückgezogen, als die Kinder noch sehr klein waren. Sie erinnern sich kaum an ihn.
Eigentlich ist der neue Partner der Mutter der erste Mann, den sie in ihrer Nähe erleben. Die Kinder kommen ihm offen und mit großen Erwartungen entgegen, ohne es direkt auszusprechen, bieten sie ihm die vakant gebliebene Vaterrolle an. Der Mann aber bleibt zurückhaltend — er ist der Liebhaber der Mutter, aber nicht Vater der Töchter. Deshalb setzt er sich selbst und den heranwachsenden Mädchen bestimmte Grenzen, überlässt wesentliche Entscheidungen stets der Mutter und ist mit seinen Funktionen als Erzieher der Kinder sehr zurückhaltend. Für die Mädchen wird er dennoch eine wichtige Vertrauensperson, aber eben kein „Ersatzvater". Dies erweist sich viele Jahre später, als die Mädchen fast erwachsen sind, als weise Entscheidung. Denn nun hatten die Töchter, ganz unabhängig von der Mutter, die mit dem Vater der Kinder weiterhin zerstritten war,

das Bedürfnis entwickelt, ihren leiblichen Vater kennenzulernen. So rudimentär die Beziehung bisher auch war
und teilweise auch jetzt noch bleibt, die jungen Frauen
entdecken jetzt, was es bedeutet, einen Vater zu haben
— und der neue Partner ist froh, dass er nie versucht
hat diese Stelle einzunehmen und dass die Töchter jetzt
nicht in einen inneren Konflikt kommen, wie sie mit
„zwei Vätern" zurecht kommen sollen.

Foto: Carlos Murphys Quelle: Photocase

Das vorangehende Beispiel illustriert auf besondere Weise die Tragweite von Entscheidungen und Weichenstellungen, die durch Patchwork-Konstellationen getroffen werden müssen. In welche Richtung auch immer, es ist besser, bewusste Entscheidungen zu treffen als solche elementar wichtigen Fragen dem Zufall oder wechselhaften Gefühlen zu überlassen. Hier herumzuprobieren, ginge nicht zuletzt auf Kosten der Kinder. Bei der Entscheidungsfindung ist es zugleich notwendig, dass sich die neuen Patchwork-Eltern in ihrer Einschätzung einig sind und Entscheidungen gemeinsam tragen, damit keinesfalls untergründige Konfliktherde entstehen.

Bei der neuen Aufgabenverteilung wird es sich als hilfreich erweisen, den grundlegenden Unterschied von leiblichem Eltern-Sein und Patchwork-Elternschaft zu berücksichtigen. Wenn ein Patchwork-Vater beispielsweise zu einer bestehenden (leiblichen) Mutter-Kind-Konstellation hinzukommt, dann sollte klar sein, dass die Mutter die letztbestimmend Erziehungsberechtigte ist und es auch bleibt. Sie kann sich gern beim neuen Partner Rat einholen und wird mit ihm auch transparent kommunizieren, die Priorität ihres ausschlaggebenden Urteils bezüglich erziehungsrelevanter Fragen und Anweisungen ist aber gesetzt.

Das betrifft vor allem Fragen der Ausbildungswahl, die Ansprechbarkeit gegenüber Vertretern von Schule beziehungsweise Ausbildern, im weiteren Sinne alle Fragen, die Rechtliches betreffen wie Versicherungen, Führerschein, aber auch ärztliche Eingriffe, abendliches Ausgehen und alleine Vereisen (ab wann?!). Als Orientierung möchten wir festhalten:

Alles, was mit Geboten, Verboten, grundsätzlichen pädagogischen und autoritären Anweisungen zu tun hat, sollte nach Möglichkeit nie von dem neu hinzugekommenen Patchwork-Elternteil ausgehen, weil dieser Teil sonst mit großer Sicherheit seine Beziehung zu dem Patchwork-Kind ungebührlich belastet. Die natürliche Autorität eines leiblichen Elternteils ist nicht ersetzbar.

Hier — auch für sich selbst — die richtige Grenze zu sehen und zu beachten, erfordert viel Achtsamkeit und auch persönliche Selbsteinschätzung. Wie gern möchte der neue Partner oder die neue Partnerin, die doch so engagiert in die neue Situation hineingewachsen ist, die Kinder des oder der anderen vom gleichen Rang aus ansprechen wie die leibliche Mutter oder der leibliche Vater! Und doch entsteht meist nichts Gutes, wenn der elementare Unterschied zwischen leiblicher und sozialer Elternschaft nicht berücksichtigt wird. Auch hier zeigt sich wieder: Das Gelingen von Patchwork hängt nicht so sehr an dem Weniger oder Mehr der mitgebrachten Probleme in die neue Konstellation, es hängt aller Erfahrung nach vor allem ab von der Fähigkeit der Erwachsenen zu authentischer Selbsterkenntnis und Selbstverwandlung — und der Bereitschaft, daraus die entsprechenden Folgen zu ziehen. Patchwork entsteht als soziale Konstellation, weil heute mehr Freiheit möglich ist — gleichzeitig ist in den neuen Konstellationen weit mehr Bewusstseins-Arbeit nötig. Und mehr noch, auch wenn dieser Terminus immer leicht moralisierend wirkt, es gilt die Regel:

Das Ausbalancieren der Anforderungen in Patchwork-Systemen verlangt ein hohes Maß an Selbstlosigkeit, Absehen-Können von sich selbst, das Erbringen von Verzichtleistungen und das Zurückstellen von eigenen Bedürfnissen zugunsten des Ganzen.

Etwas anderes anzunehmen wäre naiv und nicht ehrlich. Die traditionelle Familie gibt die Rollen von selbst vor: Die Mutter ist Mutter, weil sie das Kind empfangen und ihm das Leben geschenkt hat, der Vater ist Vater, weil er es mit der Mutter gezeugt hat — ganz einfach (nein, so einfach natürlich auch nicht). In der Praxis gibt es zwar auch hier vielfältige Hürden, Anforderungen, es gibt Gelingen und Misslingen. Aber zumindest ist die Definition des Ganzen klar, und zwar mit geradezu archaischer Deutlichkeit. Alle Beteiligten, besonders die Kinder, wissen, woran sie sind! Anders im Falle von Patchwork: Die Rolle eines neu hinzukommenden Lebenspartners ist in Bezug auf die Kinder in keiner Weise vorbestimmt oder festgelegt. Alles, buchstäblich alles kommt auf die bewusste Gestaltung an.

In gelingenden Patchwork-Familien bemerken wir oft ein hohes Ausmaß an Sensibilität, Fairness und anderen Tugenden. Dabei gibt die Situation Patchwork an vielen Stellen selbst Fingerzeige, welches veränderte, weiterentwickelte Verhalten der Erwachsenen erforderlich ist. Patchwork-Familien sind so gesehen Labore des gemeinsamen Lernens. Und das ist das Spannende: Es entstehen neue, differenziertere Fähigkeiten, die es ohne Patchwork so nicht geben würde. So kann etwa ein Patchwork-Vater für die Kinder seiner neuen Partnerin eine starke Vertrauensperson werden, eine Art älterer Freund oder Mentor — er muss ja nicht wie ein leiblicher Vater auch unbequeme Entscheidungen fällen, er muss nicht „nein" sagen zum Wunsch nach einem Motorrad (weil das nicht seine Aufgabe ist). Er ist eher zum Beispiel Ansprechpartner bei Problemen mit gleichaltrigen Freunden oder mit der Freundin, also bei Dingen, die man aus Zurückhaltung mit den leiblichen Eltern vielleicht weniger gern bespricht. In einem anderen Fall wird es ein Sohn beispielsweise schätzen lernen, wenn sein Vater eine mehr ruhige, intellektuelle Natur ist, dass er mit diesem ernsthafte Gespräche über Gott und die Welt führen kann, während er mit seinem neuen Patchwork-Vater klettern gehen kann (oder umgekehrt natürlich). Er erlebt dadurch ein erweitertes Repertoire und hat eine enge Vertrauensperson hinzugewonnen.

Im besten Fall kann bei Patchwork sogar ein „Mehr" für die Kinder entstehen: Zu der bestehenden, unersetzbaren Beziehung zu den leiblichen Eltern kommt die enge, aber ganz eigene, neue und eher freundschaftliche Beziehung zu einer weiteren erwachsenen Bezugsperson hinzu, die besondere Bereiche abdeckt und Aufgaben übernimmt.

Albtraum Weihnachten

⁓ Eine besondere Belastungsprobe für Patchwork-Familien sind Feste, bei denen die ganze Familie eingeladen ist, insbesondere Weihnachten. Kein anderes Fest ist derart als Hochamt familiärer Beziehungen definiert und daher mit entsprechenden Erwartungen aufgeladen. Gleichzeitig ist es durch diese Aufladung extrem anfällig für Irritationen und — ungewollte — Konterkarierungen, die die ersehnte Harmonie und Hochstimmung nicht selten in ihr Gegenteil kippen lassen. Das gilt schon für biologisch begründete, klassische Familiensituationen, umso mehr für Patchwork-Familien, weil hier die verschiedensten Ansprüche miteinander konkurrieren und abgeglichen werden müssen.

Es hat sich bewährt, auch hier (spätestens von der Pubertät an) stark das Interesse und die Wünsche der beteiligten Kinder zu berücksichtigen: Wie stellen sie sich den Verlauf der Weihnachtsfeierlichkeiten vor? Wollen sie — wie meistens — dieses für sie so besondere Fest mit Vater und Mutter gemeinsam verbringen? Oft geht das aufgrund der emotionalen Situation zwischen den Eltern nicht mehr. Was wäre dann die zweitbeste Konstellation? Alle Interessen sollten gehört und zusammengetragen werden, so dass auch für die Kinder (wie gesagt, erst von einem gewissen Alter an) die Vielschichtigkeit der Herausforderung deutlich wird. Vor diesem Hintergrund kann dann die (zweit-)beste Lösung — in der Regel ein Kompromiss — gefunden werden: Zum Beispiel den 24. Dezember in *dieser* Konstellation *hier* feiern, den 25. in *anderer* Konstellation *dort*. Oder auch: Über die Feiertage mit der Patchwork-Familie verreisen.

Keinen Sinn ergibt es, eine bestimmte Konstellation gegen bestehende seelische Hemmnisse aufzuzwingen. Die Vorstellung, „wenigstens an Weihnachten sollten wir doch mal alle wieder zusammen sein" ist eben nur eine schöne Vorstellung. Wenn sie mit real existierenden emotionalen Gräben in der Wirklichkeit kollidiert, wiederholen sich problematische Abläufe und im schlimmsten Falle manifestieren Streit und Verstimmung nur das bereits geahnte Ergebnis, dass es eben „so noch nie funktioniert habe". Solche absehbaren Frustrationen sollte man auf jeden Fall durch vernünftigen Verzicht vermeiden — weniger ist dann mehr. Vor allem sollte man eine Illusion durchschauen: dass durch die bloße Tatsache, dass Weihnachten ist, irgendetwas an den Problemen gemindert würde, die man zuvor hatte. Das gemeinsame Begehen eines Festes wie Weihnachten (in ähnlicher Weise gilt das auch für Geburtstage, Jubiläen und andere Familienfeiern) kann nur so gut oder schlecht werden, als es der zuvor stattgefundene (oder ausgebliebene) Klärungsprozess eines sozialen Systems zulässt. Mit anderen Worten: Wenn man im Streit auseinandergegangen ist und die Konflikte weiter rumoren, wird sich dies nicht dadurch, dass Weihnachten ist, ändern — eher im Gegenteil!

Eine realistische und ehrliche Antwort ist daher manchmal — gerade auch für die Kinder — besser: „Ich verstehe, was ihr euch wünscht und finde das auch vollkommen berechtigt, aber das Verhältnis zwischen mir und eurem Vater gerade jetzt, wo er eine neue Partnerin hat, ist für mich leider nicht so, dass ich das gut aushalten könnte. Die Spannung würdet ihr dann auch merken und das wäre nicht schön." Für die Erwachsenen gilt hier eine strenge, aber wirklichkeitsgemäße Regel:

> *Keine festen Vorstellungen durchdrücken!*
> *In Bezug auf Weihnachten gibt es bei Patchwork keine „ideale" Variante — die ideale Variante war die der Ursprungsfamilien, und die ist nicht wiederherstellbar oder kopierbar. Die gesuchte Variante ist immer nur die zweitbeste Lösung — aber auch aus zweitbesten Lösungen können gute und sehr gute Varianten werden!*

Auch die Kinder können natürlich — ausgesprochen oder unausgesprochen — starke Vorbehalte bezüglich bestimmter Konstellationen haben: „Meinen Vater will ich an Weihnachten sehen, aber doch nicht seine neue Tussi!" — Selbstverständlich kann und soll gegenüber Kindern eingefordert werden, nicht abschlägig über einen neuen Partner zu reden. Das gehört zu einem respektvollen Umgang miteinander. Aber: Die Abneigung selbst, wenn sie denn vorhanden ist, kann man dem Kind nicht ausreden und das darf man auch nicht! Warum? Weil Kinder erfahren müssen, dass ihre Gefühle ernst genommen werden und dass sie ein Recht auf ihre eigene Gefühlswelt haben. Das ist die Voraussetzung dafür, dass die Erwachsenen später ihre Empfindungen wahrnehmen können und sie für wahr halten. Wenn — nehmen wir an zu Weihnachten — das leibliche Kind diesen Abend nicht mit dem neuen Partner oder der neuen Partnerin seines Elternteils verbringen möchte, sollte das akzeptiert werden. Ein reifer Partner wird das immer zu verstehen versuchen, auch wenn es am Anfang sicher schwer ist. Wer sich auf Patchwork einlässt, muss mit solchen komplexen Herausforderungen rechnen!

Neue Geschwister

Kinder, die in Patchwork-Familien neu zusammen-kommen, werden von einem Tag auf den anderen in ein quasi-geschwisterliches Verhältnis „gedrängt", ohne die elementare Voraussetzung der gleichen Abstammung zu teilen. Eigentlich sind sie mehr „Spielkameraden" — aber die sucht man sich doch selbst aus! Den neuen Patchwork-Bruder hätte man sich vielleicht auf dem Schulhof freiwillig gar nicht als Freund ge-sucht — nun aber sitzt man jeden Tag mit ihm an einem Tisch. Und selbst mit „besten Freunden" möchte man ja nicht unbe-dingt unter einem Dach leben und ständig am gleichen Tisch sitzen. Genau das wird aber von Patchwork-Kindern verlangt, und zwar ohne jede Möglichkeit der Mitbestimmung. Diese „Zu-Mutung" erfordert für die Kinder ein ganz anderes Maß an Toleranz, Interesse und auch bei ihnen das Zurückstellen-Kön-nen von Interessen und Ansprüchen, um sich mit neu hinzu-kommenden Patchwork-Geschwistern ins Benehmen zu setzen.

Nebenbei: Wenn es irgendwie geht, ist es besser, wenn Patchwork-Geschwister — zumindest am Anfang — nicht ein Zimmer teilen müssen. Das würde sie leicht überfordern. Das Zusammenleben und -schlafen in einem Raum ist eine Intimi-tät, die nicht als selbstverständlich vorausgesetzt und erst recht nicht erzwungen werden kann. Sehr wohl aber lernen Kinder mit angemessener Unterstützung, Rücksicht zu nehmen, Ausgleich zu schaffen und einen größeren Kontext im Blick zu haben. Sie entwickeln ein Feingefühl dafür, wie es gelingt, aus einer gegebenen Konstellation etwas Gutes machen zu können — mit Erfolgserlebnissen besonderer Art. Im besten Falle gilt auch hier, dass die Kinder durch ihre neuen Patchwork-Geschwister eine Bereicherung erfahren können, die irgendwo zwischen „guten Freunden" und „echten Geschwistern" liegt.

Kinder, die solche Fähigkeiten in Patchwork-Familien entwickelt haben, zeigen oft eine besondere Reife. Sie können dann später auch in anderen gesellschaftlichen Zusammenhängen neue, erweitere Möglichkeiten und soziale Kompetenzen einbringen. Sie sind den Umgang mit anderen Belastungen und Konflikten gewohnt als ihre Mitmenschen aus Kleinfamilien.

Wenn in einer Patchwork-Familie Kinder aus zwei verschiedenen Ursprungsfamilien zusammenkommen, müssen die Eltern im Alltag immer mit besonderen Stress-Faktoren rechnen, die unter das Stichwort „Gleichbehandlung" fallen. Die empfindliche Störung des tief eingewurzelten, ursprünglichen Familiengefüges hinterlässt Irritationen, Empfindlichkeiten und Befürchtungen, die bei den Kindern von kleinsten Anlässen stimuliert werden können. Jede Zurückweisung, jedes „Nein" wird schon im Vorfeld gewittert, empfindlichst registriert und gewogen: „Klar, weil sie das eigene Kind der neuen Partnerin von Papa ist, darf Julia alles, sie kriegt auch ein zweites Eis, ich nicht." Werden hier wirklich alle gleich behandelt, oder gibt es Bevorzugungen? Eifersucht und Sorge vor emotionaler oder auch physischer Vernachlässigung (Taschengeld, Geschenke!) produzieren leicht Aschenputtel-Befindlichkeiten. Und jede, auch die kleinste Ungerechtigkeit wird radikal geahndet — durch den Entzug von Vertrauen. Eine Ermahnung etwa, beim Essen einigermaßen gerade zu sitzen — von einem leiblichen Kind stöhnend, aber nicht weiter tragisch zur Kenntnis genommen, kann bei einem Patchwork-Kind das ohnehin schon strapazierte Toleranz-Konto gegenüber der Patchwork-Mutter auf Null bringen. Selbstverständlich gibt es auch in leiblich begründeten Eltern-Kind-Beziehungen Eifersüchteleien um Gleichbehandlung — aber die Folgen können in der Patchwork-Familie ungleich heftiger, ja existenziell sein. In der Ursprungsfamilie ist die Toleranz größer, weil die Grundkonstellation als gegeben akzeptiert ist. In Patchwork-Familien dagegen erschüttern manchmal auch kleine emotionale Irritationen die ohnehin nur mühsam akzeptierten, neuen Zustände. Vergessen wir nicht:

> *Die untergründige Erfahrung von Patchwork-Kindern heißt stets: „Ich habe einen Elternteil verloren." Diese Schicksalserfahrung gibt die Grundierung ab für fast alles, was dem Kind widerfährt. Alles, was auch nur in die Nähe von weiteren Verletzungen oder Vertrauensbrüchen kommt, triggert und verstärkt die latente Grund-Verunsicherung. Das muss so nicht sein, aber dennoch sind dies oft die Folgen einer Trennung.*

Wenn daher bei Patchwork-Kindern Gefühle von Benachteiligung auftreten, müssen sie entschieden ernst und zum Anlass für einfühlsames Nachfragen genommen werden — auch mit dem Risiko, dass die Erwachsenen tatsächlich Anlass zur Kritik an sich selbst finden.

Positiv gesprochen lässt sich in Patchwork-Familien auf diesem Wege lernen, auf die Wirkung seines Verhaltens aufmerksam zu werden und sich nicht damit zu beruhigen, dass man doch immer mit bester Absicht handelt. Die subjektiven Intentionen und das, was beim anderen „ankommt", sind ja auch sonst oftmals zwei ganz verschiedene Dinge. Im gewöhnlichen Leben interessieren wir uns nur wenig dafür, wie wir auf andere wirken. Die Perspektive probeweise einmal zu wechseln ist ja auch unbequem. In der existenziellen Nähe einer neu konstruierten Familienverbindung aber können wir dem — möglicherweise auftretenden — Widerspruch zwischen den beiden Ebenen von Intention und Wirkung nicht ausweichen. Im besten Fall ermöglicht uns Patchwork hier, einen großen Schritt in Richtung soziales Wachstum zu tun.

Foto: Josephine SchönebergQuelle: Photocase

Ein Beispiel für eine Komplikation, wo das Ungleichgewicht weniger bei den Kindern als bei den Eltern auftritt:

Eine Patchwork-Partnerschaft, er mit bereits erwachsenen Kindern, die schon selbständig sind, hohes Einkommen, sie zwanzig Jahre jünger als er, aus einfachen Verhältnissen kommend, mit einem heranwachsenden Sohn. In der neuen Familiensituation ist die Mutter, die sich und ihren Kindern in ihrer früheren Partnerschaft nie etwas leisten konnte, froh darüber, dass ihr Junge es nun endlich einmal gut haben kann: Markenkleidung, ein teures Fahrrad, Ski-Urlaub im Winter. In ihrer heftigen Verliebtheit in den älteren und väterlich sorgenden Partner ist es ihr gar keine Frage, dass sie diese und andere Vergünstigungen durch den neuen Partner in Anspruch nehmen kann. Dem wird aber die Art, wie der Patchwork-Sohn diese Zuwendungen selbstverständlich und ohne Dank in Anspruch nimmt, langsam zu viel. Als er dann noch einen Segelflugschein machen will, wird es dem Patchwork-Vater zu bunt, er äußert seinen Unmut und verweigert die Finanzierung. Seine junge Partnerin ist so schockiert über diese Reaktion, dass sie es gar nicht fassen kann. Sie versteht diese — wie sie es empfindet — gegen ihr bedürftiges Kind gerichtete Haltung nicht, es treten schockartig Sprachlosigkeit und Entfremdung gegenüber dem neuen Partner ein. Sie ist sogar nicht mehr in der Lage, ihm sexuell zu begegnen. Das Paar beschließt, zunächst wieder getrennte Wohnungen zu nehmen und weiter im Prozess zu bleiben.

Die Gefahr von Eifersuchtsgefühlen und die Mahnung vor Un-
gleichbehandlung bedeutet aber nicht, dass es immer eine
vollständige Gleichbehandlung von leiblich-eigenen und
patchworkmäßig hinzugekommenen Kindern geben muss.
Auch hier sind, wie bei jeder Gratwanderung, feinste Abstu-
fungen zu beachten! So ist es beispielsweise angemessen und
für das betreffende Kind auch wohltuend, wenn sich in einer
Patchwork-Konstellation die Mutter für das mit ihr zusammen-
lebende, leibliche Kind am Abend noch einen besonderen
Moment Zeit nimmt. Es ist sogar ratsam, in Form solcher kleinen Rituale — und wenn es nur das Verweilen für zwei Minuten
am Bett abends beim Einschlafen ist — Raum für die besondere,
leibliche Eltern-Kind-Beziehung zu schaffen, denn es ist aus
Sicht der Kinder geradezu lebenswichtig, dass sie sich der Solidarität mit dem verbliebenen leiblichen Elternteil versichern
und diese Sicherheit auch durch äußere Symbole spüren können. Dass zwischen diesen beiden Menschen eine besondere
Vertraulichkeit herrscht und auch herrschen darf, verstehen
auch die anderen, nicht-leiblichen Geschwister, weil sie dies ja
von den Gefühlen zu ihren eigenen leiblichen Eltern her kennen.

Die Rolle der Großeltern

⁓ Großeltern sehen sich schon in gewöhnlichen Kleinfamilien manchmal einer großen Herausforderung gegenüber, wenn der von ihrem Kind gewählte Partner oder die Partnerin nicht ganz den eigenen Vorstellungen der idealen Schwiegertochter oder des idealen Schwiegersohns entspricht. Entsprechende Anekdoten und Klischees gibt es zuhauf und sie beruhen tatsächlich auf Tatsachen. Schon im Blick auf die Kleinfamilie liegt hier die Entwicklungschance für die (Groß-)Eltern darin, die eigenen Erwartungen und Urteile zurückzunehmen und ein hohes Maß an konstruktiver Toleranz aufzubringen.

Das gilt aber erst Recht in Bezug auf neu hinzukommende Patchwork-Partnerinnen und -Partner. Wenn Großeltern und Eltern sich nicht gemeinsam in einen gemeinsamen Prozess des achtsamen Zusammenwachsens finden, greifen — wie immer — unbewusste Automatismen. Man überlässt sich einer Mechanik der Gefühle, in der dann zum Beispiel neu hinzukommende Patchwork-Enkel einfach ignoriert oder sogar emotional abgelehnt werden, während die Enkelkinder der Ursprungsfamilie eine klare Bevorzugung erfahren. Das ist bis zu einem gewissen Grad auch verständlich, bilden Enkelkinder doch in der Regel einen außergewöhnlich starken emotionalen Bezugspunkt für die Großeltern und die Basis einer oft ganz eigenen, besonders wertvollen Verbindung. Demgegenüber mag den neuen Kindern (oder dem neuen Kind) gegenüber zwar ein gewisser Freundlichkeits-Mechanismus wirken, den der Anstand gebietet, aber sowohl die Patchwork-Eltern und erst Recht die betroffenen Kinder bemerken den subtilen Unterschied. Diese Bevorzugungs-Problematik kann sich bis in Erbschaftsfragen hinein erstrecken — und in Verbindung mit dem stets explosiven Geld-Thema dann erst richtig für Streit sorgen. Auch hier gilt: Eine besondere Achtsamkeit und ein feines Ausbalancieren der emotionalen (und praktischen) Zuwendung seitens der Großeltern ist gefordert.

Es gibt aber auch sehr positive Entwicklungen. Nicht selten erobern die neu hinzukommenden Patchwork-Kinder die Großeltern im Sturm. Und manchmal sind gerade sie es dann, die bei den — vielleicht bis dahin eher zurückhaltenden — Großeltern für einen positiveren Blick auf die neue Lebenssituation ihres eigenen Kindes sorgen.

Im Dialog mit Kindern

〜〜〜 „Warum ist Papa denn zu einer anderen Frau gegangen?" — „Warum zieht jetzt dieser Mann in unsere Wohnung?" — „Bist du traurig Papa, weil Mama nicht mehr da ist?" Kinder vollziehen alle Vorgänge rund um Krisen, Trennungen und neue Beziehungen intensiv mit. Oft machen sie sich dazu ihre eigenen Vorstellungen, sie haben nicht selten ihre eigenen Deutungen, und die sind von der Gedankenwelt der Erwachsenen manchmal weit entfernt. Insbesondere sehr kleine Kinder, die noch keine Möglichkeit zur Einschätzung der Beziehungsprobleme unter Erwachsenen haben, können sich einen zur Trennung der Eltern führenden Konflikt meist gar nicht erklären. Im schlechtesten Falle fangen sie an, bei sich selbst nach Ursachen zu suchen, die Papa oder Mama dazu veranlassen, die Familie zu verlassen. „Hat das an mir gelegen?" — Hilft es, mit Kindern über diese Dinge zu reden? Inwieweit sollen sie überhaupt in Beziehungsfragen der Erwachsenen Einblick haben oder gar aktiv einbezogen werden — sollte man sie nicht besser so weit als möglich aus allen potenziellen Konfliktthemen heraushalten?

Die Erfahrung zeigt, dass es in jedem Falle gut ist, Kinder — ihrem Alter entsprechend — über anstehende Veränderungen zu informieren und sie in die Anbahnung von größeren Entscheidungen einzubeziehen. Die Betonung liegt hier auf dem Stichwort „altersgemäß". Mit Kindern im Vorschulalter wird man anders sprechen (müssen) als mit Zehn- oder Zwölfjährigen. Von der Pubertät an kann man bei den Kindern ohnehin mit wachen und urteilsfähigen Menschen rechnen.

Kinder haben ein feines Sensorium dafür, wenn in der Beziehung zwischen den Eltern etwas nicht stimmt oder wenn Entfremdungen eingetreten sind. Wenn sie dann zu ihren — ohnehin vorhandenen — Gefühlen die entsprechenden Tatsachen geschildert bekommen, hilft ihnen das in der Regel, auch wenn die Konsequenzen hart für sie sein mögen. Wenn die Kinder etwa erfahren: „Mama und Papa haben es im Moment nicht leicht miteinander, wir bemühen uns, aber es ist schwierig", dann können sie wenigstens sicher sein, dass ihr Gefühl richtig lag. Dies ist als Bestätigung wichtig und zumindest klärend. Kinder wissen — oder besser gesagt: fühlen es oft längst, wenn die Beziehung der Eltern in der Krise ist. Sie machen sich auf einer tiefen Ebene Sorgen, haben die widersprüchlichsten Empfindungen dabei und wissen meist nicht, wie mit dieser Gefühlslage umzugehen ist. Wenn ihnen dann die Erwachsenen einreden wollen, dass doch alles in Ordnung sei, empfinden sie den Widerspruch, können damit aber nicht umgehen. Sind sie selbst etwa irgendwie „falsch"? Um Kinder nicht in solchen Ungewissheiten allein zu lassen, ist es gut, mit ihnen zu sprechen.

Gleichzeitig sollte man im Bewusstsein haben: Wenn Kinder von sich aus fragen, sind auf jeden Fall ehrliche Antworten angesagt. Nicht für Kinderohren bestimmt sind dagegen alle möglichen Details von Eltern-Konflikten, Einzelheiten über außereheliche Beziehungen, Anschuldigungen, Drohungen oder gar im Raum stehende Ultimaten. Ebenfalls kein Thema für Kinder sollten ausführliche Befindlichkeits-Schilderungen der Erwachsenen sein, etwa wie schlecht sich die Mama vom Papa behandelt fühlt oder wie sehr sie sich schon immer nach einem verständnisvolleren Mann gesehnt hat.

> *Kinder sollten grundsätzlich nicht motiviert werden, Verständnis für die Situation der Eltern aufzubringen. Dies würde sie überfordern. Als Orientierung gilt hier: Gespräche mit Kindern ja, aber das Ziel bildet immer eine Entlastung der Kinder — und keinesfalls eine Entlastung der Eltern auf Kosten der Kinder.*

Weil Kinder ihre widersprüchlichen Gefühle manchmal lange unausgesprochen mit sich herumtragen, ist es gut, wenn die Erwachsenen von sich aus auf sie zugehen und ihnen Gelegenheiten bieten, über das zu sprechen, was in ihnen vorgeht. Das braucht Fingerspitzengefühl und darf nicht mit einem „Ausfragen" der Kinder verwechselt werden, dem sie sich meist ohnehin entziehen. Zu diesem Gelegenheit-Bieten gehört das Schaffen einer entsprechend einladenden Atmosphäre, nach Möglichkeit losgelöst von einem konkreten Konflikt in einem ruhigen Moment.

Die explizite Frage „Wie fühlst du dich?" gibt dem Kind die Gewissheit, dass sich andere für seine Gefühle interessieren. Das ist die Voraussetzung dafür, sich später auch für die eigenen Gefühle zu interessieren, sich für sie interessieren zu dürfen. Sich selbst als Gefühlswesen ernstzunehmen — was nichts mit einem Schwelgen in der eigenen Befindlichkeit zu tun hat —, ist eine Grundvoraussetzung dafür, überhaupt sich selbst als Menschen anzunehmen und sich als ein sich entwickelndes Wesen zu begreifen.

Bis in die Zeit nach dem Zweiten Weltkrieg war es keineswegs selbstverständlich, sich in der hier gemeinten Weise für seine Gefühle zu interessieren, weil sich auch die Mitmenschen und die Gesellschaft kaum für die Gefühle ihrer Subjekte interessierten. Die Innenseite der Menschen blieb weitgehend ausgespart, ja tabuisiert. Erst mit dem Aufkommen der großen Emanzipationsbewegungen in der Nachkriegszeit wurde das anders. Das Aufdecken dieser Gefühlsschicht ist aber eine Aufgabe, die Generationen übergreift. Wer als Kind erfährt, dass man sich für seine Gefühle interessiert, dass er als Gefühlswesen wichtig ist, wird auch später seine Gefühle als wichtiges Mittel schätzen und hat eine ganz andere Grundlage für die Entwicklungsarbeit an sich selbst.

Familienrat halten

Für Patchwork-Familien hat es sich bewährt, einmal in der Woche Familienrat zu halten. Das feste Installieren eines Raums für Begegnung und Austausch ist eine Vorsorgemaßnahme ersten Ranges. Nicht erst dann, wenn es bereits zu konkreten Konflikten gekommen ist, sondern besser schon vorher, beispielsweise jeden Freitag mit einem Wochenrückblick können Fragen behandelt werden wie diese: Was war gut in der zurückliegenden Woche für die Einzelnen, wo sind Bedürfnisse nicht gesehen worden, was wünschen sich die Einzelnen für die Zukunft?

Die Eltern sind es, die in dieser Weise die Initiative ergreifen und insbesondere als Patchwork-Eltern damit ein Interesse an den „neuen" Kindern zum Ausdruck bringen können. Und diese Kinder bemerken dann: Ah, da interessiert sich jemand dafür, wie es mir geht, für meine Gefühle. Dann kann auch das ganz Wichtige eintreten und die Kinder und Jugendlichen bemerken: Ja, wenn so über Gefühle gesprochen wird, dann darf also auch ich mich für meine Gefühle interessieren, sie zulassen.

Das ist deshalb so bedeutsam, weil viele Kinder dazu neigen, ihre eigene Gefühlslage in der neuen Konstellation zugunsten des Ganzen zurückzustellen und zu unterdrücken.

Verdrängungsverhalten in vielen Spielarten bis hin zur Suchtgefährdung ist hier ganz nah. Wenn sie aber von Seiten der Eltern dazu eingeladen werden, können sich die Kinder öffnen und haben dadurch Gelegenheit, auch sich selbst gegenüber ihre Befindlichkeit auszusprechen, vielleicht sogar zu klären. Der Zeitpunkt sollte für alle passend gewählt sein, so dass alle entspannt bei der Sache sein können. Vielleicht sorgt zusätzlich ein gutes Essen — zuvor oder anschließend — für einen angenehmen Rahmen. Alle Mitglieder des sozialen Verbandes Patchwork wissen durch den Jour fixe des Familienrates: Es ist erstens normal, dass es Probleme geben kann und sie sind zweitens besprechbar. Es ist nicht nötig, erst den Mut aufzubringen, ein Gespräch aufgrund eines Konflikts einzufordern, weil der Termin ohnehin gesetzt ist und im Familienrat manche Dinge bereits offengelegt und besprochen werden, noch bevor sie sich zu einem richtigen Konflikt ausweiten.

Die Eltern können in diesem Rahmen auch feine Veränderungen bemerken, auch und gerade, wenn beispielsweise ein Kind mit einem Mal nichts mehr sagt oder sich zurückzieht. Das kann zum Anlass werden, dann auch außerhalb des Familienrat-Forums ein noch vertraulicheres Zweier-Gespräch zu führen. Vielleicht leidet eines der Kinder unter dem Gefühl, der Patchwork-Vater würde sein leibliches Kind in der Beziehung bevorzugen, weil es ein teures neues Fahrrad bekam? Eine Tochter vermisst bei der neuen Patchwork-Mutter das Verständnis für ihren Mode- und Schönheitssinn, den ihre leibliche Mutter stets teilte? Solche und viele andere Motive können durch den Familienrat als „Wahrnehmungsorgan" erkannt und bearbeitet werden. Die Moderation dieser Treffen machen in der Regel Mutter und Vater gemeinsam, bei älteren Kindern können auch diese die Gesprächsführung übernehmen.

Gefühle miteinander zu verbalisieren ist ein
großer Zugewinn an sozialer Kompetenz. Kinder
und Jugendliche lernen so, ihr Innenleben zu
artikulieren, in Worte zu bringen und dadurch
auch zu ordnen.

Ein Kennzeichen von Reife zeigt sich darin, dass sich (Patchwork-)Eltern in familiären Gesprächen auch Kritik aussetzen können. Halte ich es aus mir anzuhören, wie andere Familienmitglieder mich sehen?

Bei solchen Gesprächsrunden öffnet sich für die Kinder auch eine Möglichkeit etwas darüber zu erfahren, wie es dem leiblichen Vater oder der Mutter in der neuen Beziehung geht. Hier gilt es jedoch einen feinen Grat zu beachten: Es ist sicher nicht besonders hilfreich, wenn Eltern vor ihren Kindern ihr ganzes Gefühlsleben ausbreiten, schon gar keine Intimitäten, wie es so in der neuen Beziehung läuft. Dies würde auch zu leicht darauf hinauslaufen, dass der Gefühls-Raum der Kinder mit fremden Erlebnissen besetzt wird, indem die Eltern ihre Aufmerksamkeit für den ganzen Katalog ihrer innerlichen Befindlichkeit beanspruchen.

Es ist hier sicher auch eine Frage des Alters der Kinder. Bei heranwachsenden Jugendlichen etwa kann es eine durchaus wertvolle Erfahrung werden, wenn sie bemerken: Meine Mutter oder mein Vater ringen mit sich selbst, sie sind verletzlich und gewähren mir Einblick in ihre Innenseite. Das andere Extrem dieser Gratwanderung wäre das Mitteilen seelischer oder gar physisch-erotischer Intimitäten, was Kinder als Zumutung erleben. Diese Dimension ihrer neuen Beziehung dürfen Eltern bitte mit sich selbst ausmachen. Schon das Zeigen von verliebtem Schmusen und Zärtlichkeiten gegenüber dem neuen Partner beziehungsweise der Partnerin in Anwesenheit der Patchwork-Kinder ist für diese oft peinlich, ja unerträglich. Die Annahme, dass es doch auch für die Kinder toll sein müsse, wenn sie sehen, wie verliebt der Vater oder die Mutter ist, ignoriert die Wahrnehmung des Kindes, das sich fast immer durch dieses Verhalten ausgegrenzt fühlen wird. Und dieses Gefühl der Ausgrenzung wird es an anderer Stelle durch Auflehnung kompensieren.

Foto: krockenmitte Quelle: Photocase

Ein Beispiel:

Eine frisch verliebte Mutter hat gemeinsam mit ihrem neuen Partner wiederholt ihre bereits erwachsene Tochter zum Frühstück zu Gast. Weil sie eine gute und vertrauensvolle Beziehung zu ihrer Tochter hat und sie weiß, dass diese nach der unfreiwilligen Trennung und langen Phase des Alleinseins sich im Grunde über die neue Beziehung der Mutter freut, gibt sie sich betont heiter während dieser Dreier-Frühstückstreffen und scherzt ausgelassen mit ihrem neuen Partner.
Mehrfach fällt ihr auf, das ihre Tochter nach diesen Treffen offensichtlich verstimmt ist und ihr aus dem Weg geht. Schließlich fragt sie die Tochter nach dem Grund ihres Verhaltens und die Tochter fasst sich ein Herz mit der offenen Antwort: „Ich halte die Art nicht aus, wie du mit Martin umgehst, diese Albernheit, das ist kaum erträglich für mich." Der Mutter fällt es wie Schuppen von den Augen, sie merkt auf einmal, wie ihr Verhalten aus Sicht der Tochter gewirkt haben muss und achtet von nun an sorgfältiger auf ihr Auftreten.

Noch schwieriger wird es, wenn etwa nur ein Elternteil im Glück einer neuen Beziehung schwelgt, während der andere Teil gerade darunter leidet. Zum Beispiel kann ein Kind dann die glücklich turtelnde Mutter in der neuen Beziehung erleben, hat aber gleichzeitig auch den verlassenen Vater und sein Leiden vor sich. In diesem Falle führt dann das Verhalten der Mutter möglicherweise dazu, dass sich das Kind mit dem leidenden Vater solidarisiert — das demonstrative Glücklichsein geht also vollständig nach hinten los. Auch hier möchten wir eine goldene Regel formulieren:

Insbesondere solange die Patchwork-Situation noch neu für die Kinder ist: keine Schmusereien, keine Küsschen oder Intimitäten in Gegenwart der Kinder — nichts, was auf die Intimität der neuen Beziehung verweist. Und dies nicht als Ausdruck von Prüderie oder Scham, sondern von Respekt gegenüber der Gefühlslage der Kinder.

Patchwork-Sonderfall
Adoptivkinder

Eine Konstellation, die dem Patchwork ähnlich ist, machen Familien mit Adoptivkindern aus. Der große Unterschied liegt natürlich darin, dass ein Adoptivkind keines seiner Elternteile mehr als dauerhafte Bezugsperson erleben kann. Adoptivkinder leben mit Eltern so, als wären es die leiblichen, aber sie sind es eben nicht. Eine für alle Beteiligten nicht leichte Situation, aus der sich oft anhaltende Verwicklungen ergeben.

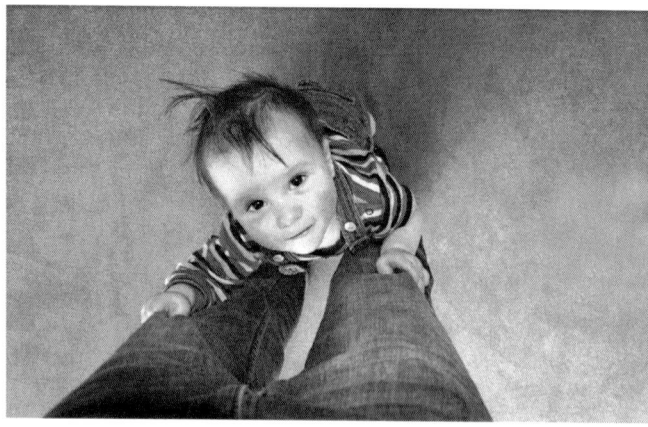

Foto: unikation Quelle: Photocase

Ein junger Mann und seine Freundin suchen aufgrund von Paarproblemen gemeinsam die therapeutische Beratung. Die Freundin schildert ihren Lebensgefährten so, dass er permanente Aufmerksamkeit einfordert. „Was ich ihm gebe, genügt nie, es muss immer noch mehr sein." Sie fühlt sich dadurch überfordert und ist auch unsicher, wie sich diese Verhaltensweise auswirkt, wenn — wie gemeinsam gewünscht — Kinder in die Beziehung kommen werden. Ihr Partner hingegen beklagt, er werde nicht genügend von seiner Freundin gesehen, fühle sich nicht genügend geliebt. Bei der Schilderung seines Lebensweges erzählt er, dass er ein Adoptivkind ist. Das Besondere an der Situation war: Der junge Mann wusste nur Positives von seinen Adoptiveltern zu erzählen, die einen guten gesellschaftlichen Stand hatten und dem Jungen nicht nur ihre volle Zuneigung, sondern auch manches andere zukommen ließen.

Hier hatte offenbar der Status als Adoptivkind eine grundlegende Verunsicherung bezüglich seines emotionalen Angenommen-Seins hinterlassen, die tiefer steckte als die ansonsten gut funktionierende Beziehung des jungen Paars. Die Verunsicherung blieb ein Lebens-Thema, aber die Partnerin konnte besser damit umgehen, nachdem sie wusste, dass sie die ihr entgegengebrachte Verhaltensweise nicht persönlich und als gegen sie gerichtet nehmen musste.

Diese und viele andere Beispiele sprechen selbstverständlich in keiner Weise gegen die Möglichkeit, ein Kind zu adoptieren. Und es gibt sicher auch andere, glücklichere Biographien, die aus einer Adoption entstanden sind. Nur sollten sich Eltern, die sich für eine Adoption entscheiden wollen, in vollem Umfang darüber im Klaren sein, dass — vor allem auf die Länge der Beziehung gesehen — ein Adoptionsverhältnis alles andere als eine romantische Angelegenheit ist. Im Gegenteil: Obwohl es an sich eine ethisch positive Entscheidung ist, ein elternloses Kind wie das eigene aufzunehmen, ist dies in keiner Weise eine Garantie für Erfüllung und Dankbarkeit. Die Eltern müssen sich vielmehr auf sehr besondere Schwierigkeiten einstellen, die sich daraus ergeben, dass das adoptierte Kind sein Leben lang unter der Nicht-Vorhandenheit seiner leiblichen Eltern leiden wird. Hier ein Fallbeispiel aus der Praxis:

Eine junge Frau kam zur Beratung: „Ich wurde adoptiert als ich zwei Jahre alt war. Meine Adoptiveltern sind richtig gut zu mir, ich habe keinen Grund mich zu beklagen. Dennoch, es sind eben Ersatzeltern, und ich will nun meine leiblichen Eltern suchen, vor allem meine leibliche Mutter. Ich weiß nicht, wie ich es meinen Adoptiveltern sagen soll, weil ich große Angst habe, sie zu verletzen und zu enttäuschen."

Diese junge Frau wusste nur, dass ihre leibliche Mutter drogenabhängig war und ihr Vater im Gefängnis saß. „Meine Sehnsucht nach meiner Herkunftsfamilie ist aber sehr stark." Sie entschied sich tatsächlich, sich auf den Weg zu machen und war sehr glücklich, dass ihre Adoptiveltern diesen Wunsch verstanden und akzeptieren konnten. Sie fand ihre Mutter in einer Großstadt. Sie lebte sehr heruntergekommen, nach wie vor drogenabhängig und in heruntergekommenen Verhältnissen. Die junge Frau beschrieb, wie furchtbar für sie die Begegnung mit ihrer verwahrlosten Mutter zunächst war. Aber dann kam von ihrer leiblichen Mutter der entscheidende Satz: „Es tut mir alles so furchtbar leid." Tochter und Mutter haben sich nicht wiedergesehen. Über ferne Verwandte hat sie später von ihrem Tod erfahren. Der Vater blieb unauffindbar. Die junge Frau sagte später in der Therapie: „Ich habe jetzt eine Art von Frieden gefunden."

Hier wird sehr deutlich, wie für die Identitätsbildung und für die Beheimatung in der eigenen Biographie die Begegnung mit der leiblichen Mutter von entscheidender Bedeutung war. Die junge Frau sagte später, dass sie zu ihren Adoptiveltern ein noch innigeres Verhältnis gewonnen habe, vor allem weil sie die Suche nach ihren leiblichen Eltern so konstruktiv und liebevoll unterstützt hatten.

Sicher ist hier im Einzelfall zu fragen, worauf die ursprüngliche Verunsicherung beruht: Wenn die leiblichen Eltern gestorben sind, liegt der Fall noch einmal anders, als wenn sich die Eltern beziehungsweise die Mutter entschieden haben, ein Neugeborenes zur Adoption freizugeben. Das Kind wird dann untergründig immer etwas davon empfinden, dass es von seinen leiblichen Eltern nicht gewollt wurde oder dass diese nicht die Möglichkeit hatten, sich um das Kind zu kümmern, In jedem Fall stellt dies eine enorm tiefe Verletzung dar, die als existenzielle Kränkung empfunden wird. Es scheint so, dass in solchen Fällen ein tief verankertes Minderwertigkeitsgefühl trotz bester Absichten und optimaler Voraussetzungen seitens der Eltern bei den Adoptivkindern verbleibt. Wie gesagt: Das muss nicht so sein und es kommt immer auf die Entscheidung des Einzelnen an, wie er mit seinem Schicksal umgeht, ob er oder sie sich als Opfer definiert oder sich vielleicht mehr auf das Gute fokussieren kann, das ihm durch liebevolle Adoptiveltern entgegengebracht wurde.

Adoptiveltern sollten sich darüber im Klaren sein, dass sie selbst bei allerbestem Bemühen die Grund-Kränkung nicht rückgängig machen können, die ein zur Adoption abgegebenes Kind in sich trägt. Sie müssen sich auch darauf einstellen, möglicherweise große Enttäuschungen zu erfahren, obwohl sie oft ein Höchstmaß an Fürsorge und Liebe aufbringen.

Wenn ein Paar sich wirklich im Klaren über die Motive ist, die es zur Adoption führen und sich auf große Probleme einstellt, stellt dies die beste Prophylaxe dar. Es gilt hier Ähnliches wie auch beim Thema Patchwork: Man muss sich auf einen wesentlichen größeren Einsatz im Vergleich mit einer konventionellen Familie einstellen. Empfehlenswert ist auch, vor einer so gravierenden Entscheidung den Austausch mit Eltern zu suchen, die bereits Adoptivkinder haben.

Die Kleinfamilie
— (k)ein Ideal?

〜〜 Bei unserem Blick auf unterschiedlichste Patchwork-Konstellationen stand unweigerlich stets als Vergleich die traditionelle Kleinfamilie im Hintergrund. Und das mit gutem Grund: Obwohl das Modell der Kleinfamilie keineswegs mehr die selbstverständliche und optimale Bedingung für den Individualisierungsprozess von Kindern zu sein scheint, bietet es für Kinder zumindest in den ersten sieben Jahren, also bis etwa zur Schulreife, doch einen stabilen Rahmen für die Bedürfnisse nach Sicherheit, Vertrauen und emotionaler Einbindung, der durch nichts zu ersetzen ist. Ganz ohne jede Sentimentalität zeigt die therapeutische Praxis, dass diese Erfahrung für jeden, der sie machen kann, einen unvergleichlichen Fundus für das ganze weitere Leben darstellt. Wer eine einigermaßen solide Kindheit erlebt hat, verfügt über gute Ressourcen, mit auftauchenden Problemen und Krisen umgehen zu können. Wie gesagt — dies ist nicht als absolute Wertung gemeint, sondern als Erfahrungseindruck. Sofern die Kindheit entsprechend verlaufen ist, kann sich ein Mensch immer zurückbesinnen auf eine Zeit, in der er geliebt, bejaht und weitgehend vorbehaltlos angenommen wurde. Seine Bedürfnisse fanden eine Erfüllung. Wir können gar nicht stark genug gewichten, was es als

Kapital fürs Leben bedeutet, wenn man sich derart vertrauensvoll in die Welt hinein entwickeln konnte, weil die Umgebung vertrauenschenkend und vertrauenerzeugend war.

Der Umkehrschluss stimmt nun aber nicht: Weder ist jede unter traditionellen Vorzeichen verbrachte Kindheit bereits ein Garant für eine geglückte Existenz, noch bedeutet das Entbehren solcher positiven Lebensumstände in der Kindheit, dass ein problemreiches Leben vorprogrammiert ist. Die menschliche Biographie folgt eher den Gesetzen eines Kunstwerks, das auch Brüche und die besondere Harmonie großer Komplexität enthalten kann, sie ist nicht voraussehbar oder machbar wie ein Kuchenrezept. Menschliche Biographien sind oft eben weder geradlinig noch vorhersehbar, sie leben von Überraschungen und immer wieder neuen Wendungen, die man aber auch sehen und nutzen muss.

Deshalb ist es uns wichtig, es auch einmal klar auszusprechen, dass hier die Kleinfamilie nicht als ideales Gegenbild zu Patchwork romantisiert werden soll. Es kann nicht die Rede davon sein, dass Mitglieder einer Kleinfamilie sozusagen von Natur aus gesund und harmonisch aufwachsen, während Patchwork-Mitglieder grundsätzlich die schlechteren Karten hätten. Die traditionelle Mutter-Vater-Kind-Konstellation ist nicht per se die einzig ideale Umgebung für Kinder. Man könnte in vielen Fällen sogar ohne große Übertreibung auch von der „krankmachenden Sozialform der Kleinfamilie" sprechen. Schon Freud hat bekanntlich die Kleinfamilie als Brutstätte von Neurosen charakterisiert. Kleinfamilie kann ja auch bedeuten, auf Gedeih und Verderb aneinander gekettet zu sein, der Willkür beziehungsweise den Eigenheiten der Eltern ungefiltert und pausenlos ausgesetzt. Wenn wir an der Supermarktkasse etwa eine hysterisch mit ihrem Kind schimpfende Mutter sehen oder einen Vater in der U-Bahn, der seinen Sohn mit offensichtlicher Rüpelhaftigkeit etwas von seiner eigenen „Männlichkeit" glaubt weitergeben zu müssen — wie oft denken wir nicht in solchen Situationen: „Um Himmels Willen, ich sehe das nur fünf Minuten, aber das Kind muss das Jahr um Jahr aushalten ..." Kinder können sich dem nicht nur nicht entziehen, sondern sie fühlen sich hier — weil es sich ja um Vater oder Mutter handelt — meist auch noch zur Loyalität verpflichtet und kommen dadurch in die ungesundesten Gefühlslagen. So etwas führt dann notwendig zu neurotischen Deformationen.

Es muss aber nicht einmal ein ausgesprochenes Fehlverhalten der Eltern vorliegen. Ganz unabhängig davon gibt es Kinder mit einem so starken Individuationsdrang, dass für sie die vergleichsweise Enge einer Kleinfamilie grundsätzlich eine Begrenzung darstellt, gegen die sie untergründig immer wieder ankämpfen. Sie entwickeln gegen die sie umgebenden Schranken eine geradezu gnadenlose Antipathie und reagieren auf die Erwartung emotionaler Rückbindung seitens der Eltern nicht selten aggressiv. Für solche kindlichen Naturen kann eine Patchwork-Konstellation sogar wie eine Befreiung sein. Jene existenzielle Abhängigkeit von erwachsenen Bezugspersonen, wie sie den leiblichen Eltern gegenüber besteht, ist in Patchwork-Verhältnissen in jedem Falle weniger unausweichlich. Zumindest emotional können sich Kinder ihrem nicht-leiblichen Patchwork-Elternteil im Bedarfsfalle leichter entziehen — es ist ja immerhin nicht der eigene Vater oder die eigene Mutter, die sich so unerträglich gebärdet. Die Form der Kleinfamilie besitzt also im Prinzip ein vergleichsweise ebenso risikohaftes Potenzial wie die Patchworkfamilie.

Vergessen wir auch nicht: Die uns bekannte Kleinfamilie hat sich als „typisches", gesellschaftlich formendes Modell erst als Produkt des frühen 19. Jahrhunderts herausgebildet, vor allem in den Städten, während auf dem Land noch lange die

Clan-ähnliche Großfamilie vorherrschend war. Sie ist keineswegs die absolut einzige und beste Form des Zusammenlebens, sondern entstand in einer Zeit, in der das Bedürfnis nach bürgerlicher Zweisamkeit, nach Abgrenzung in Selbstverwirklichung im kleinsten Kreis noch durchaus innovative Züge hatte, die in die Zeit der selbständig werdenden Kleinbürger passte. Möglicherweise sehen wir heute dagegen die Anfänge einer evolutionären Weiterentwicklung der Grundformen sozialen Zusammenlebens, eine Metamorphose der traditionellen Familie?

Wir könnten das Phänomen Patchwork dann auch in einem größeren Zusammenhang sehen mit dem verstärkten Wunsch nach familienübergreifenden Lebensformen, der ganz unabhängig von der Notwendigkeit durch neue Partnerschaftskonstellationen häufiger auftritt. So verzeichnen in den letzten Jahren gemeinschaftliche Wohnprojekte starken Zulauf, die — oft auch generationenübergreifend — das Bedürfnis nach persönlichen Rückzugsräumen mit dem Wunsch nach einer gemeinschaftlich organisierten Lebenssituation, nach Nachbarschaftshilfe und gemeinsamer Freizeitgestaltung zu verbinden suchen. Man möchte zwar für sich leben, aber nicht unbedingt alleine. Die Modell-Palette wird größer, das Monopol Kleinfamilie weicht auf — möglicherweise auch als Gegenbewegung zu der langen, hinter uns liegenden Phase hin zu immer mehr Individualisierung?

Konstruktives Patchwork im Wandel der Beziehungsformen

Was eine Zeit an Beziehungsformen hervorbringt, ist gleichzeitig immer auch ein Spiegel ihrer Bewusstseinsverfassung. Je weiter wir in der Geschichte der Menschheit zurückgehen, umso größer war die Bedeutung von großen familiären oder stammesartigen Zusammenhängen, die einen nicht hinterfragbaren Rahmen allen gesellschaftlichen Lebens bildeten. Die Bewusstseinsverfassung unserer Zeit ist dagegen von einem starken Individualismus geprägt, der in allen Lebensbereichen das nur Traditionelle, Vorgegebene hinterfragt und durch selbstbestimmte Formen ersetzen will. Das geht bis hin zu der Möglichkeit, das biologische Geschlecht nicht nur sehr unterschiedlich zu leben, sondern im Extremfall auch durch operative Eingriffe zu wechseln. Nie waren wir weniger durch erblich weitergegebene Äußerlichkeiten gebunden als heute!

Gleichzeitig mit der zunehmenden — und teilweise auch in Extreme kippenden — Individualisierung wächst aber gegenwärtig auch ein neues Bedürfnis nach Verbundenheit. Patchwork ist in diesem Kontext gesehen eigentlich nur ein Beispiel für ein ganzes Spektrum an starken Veränderungen, die in Bezug auf partnerschaftliche Beziehungen im Gang sind. Die lange Zeit „klassische" Kleinfamilie scheint tatsächlich nur noch eine von sehr unterschiedlichen Formen zu sein, um sozial intime Beziehungen zu gestalten.

Die immer selbstverständlicher werdenden gleichgeschlechtlichen Lebensgemeinschaften sind hier ein deutliches Phänomen. War vor knapp zwei Generationen das Ausleben von Homosexualität sogar noch strafbar, ist die gleichgeschlechtliche Liebe — trotz allen weiteren Aufhol- und Gleichstellungsbedarfs — heute doch weitgehend akzeptiert. Dass gleichgeschlechtliche Paare in sogenannten Regenbogenfamilien auch Kinder aufziehen, ist ein inzwischen verbreitetes Bild und wird von weiten Teilen zumindest der urbanen Gesellschaft als normal angesehen.

Während homosexuelle Paare derart gleichsam als neues Recht die alte Kleinfamilie entdecken, versuchen sich die heutigen Avantgardisten wieder in neuen Liebes-Formen: „Polyarmorie" heißt ein derzeit heftig diskutiertes Modell, bei dem die Beteiligten versuchen, dass klassische „Paar-Schema" einer Liebesbeziehung aufzubrechen. Kann man mehr als einen Menschen gleichzeitig als Partner lieben — und diese Liebe auch leben? Lassen sich dabei die geradezu mit Naturgewalt auftretenden Eifersuchtsgefühle überwinden? Auch hier versuchen Menschen fast heroisch, gegen die über Generationen festgeschriebenen Codes aufzubegehren und Neues auszuprobieren. Der deutsche Regisseur Tom Tykwer hat in seinem Film „Drei" ein Beispiel für ein solches polyarmorisches Experiment ausphantasiert. Zwei Männer, beide bi-sexuell veranlagt, lieben die selbe Frau. Was in der Regel Stoff für ein tragisches Drama ist, hat bei Tykwer sogar ein Happy-End: Am Ende gibt es eine Frau, zwei Männer und ein sich ankündigendes Baby. Ein sehr spezieller Fall von Patchwork?

Weniger speziell, aber ebenso experimentell sind die zahlreichen neuen Projekte gemeinsamen Wohnens, die heute entstehen, wo aber die klassische Form der Partnerschaft — anders als in manchen 68er-Kommunen — nicht in Frage gestellt wird. Von ihnen war weiter oben bereits die Rede.

Was wir nicht vergessen sollten: Zu den elementaren Veränderungen von Beziehung und Partnerschaft gehört gleichsam auf der anderen Seite des Spektrums auch der Status der „Nicht-Beziehung": Wohl noch nie gab es so viele Singles wie heute. In den Großstädten stellen Haushalte von Alleinlebenden inzwischen sogar die Mehrheit. Viele Menschen ziehen die bewusst gelebte Eigenständigkeit einer zweisamen Lebensweise vor, bei der sie meinen, zu viele Kompromisse machen zu müssen. Dabei spielt auch eine Rolle, dass gerade mit fortgeschrittenem Lebensalter manche Illusion bezüglich der trauten Zweisamkeit ad acta gelegt wurde; sich auf einen anderen Menschen mit all seinen Eigenheiten einzustellen, ist anstrengend — und nicht selten erweist sich die Liebesmüh als vergebens. Und weil es heute — anders als noch vor kaum mehr als einer Generation insbesondere bei Frauen — nicht mehr unbedingt als Defizit gilt, alleinstehend zu sein, ziehen viele dies einer kompromissbehafteten Partnerschaft vor. Wie viel Konvention steckt nicht tatsächlich in der wie selbstverständlich — speziell in vielen Filmmärchen — transportierten Vorstellung, die große romantische Liebe sei die Erfüllung des Lebens?

Nicht wenige Zeitgenossen aber, und auch das sollte man nicht herunterspielen, leiden unter dem Alleinsein. Ein relativ neues Phänomen, das hier Abhilfe zu schaffen verspricht, ist die Partnerschaftssuche per Internet — Dating-Portale werben heute an jeder Straßenecke mit der Liebe per Mouseclick. Die Auswahl an möglichen Partnerinnen und Partnern ist hier unvergleichlich größer als im „normalen Leben", denn bei den bekannten Agenturen haben sich inzwischen Millionen Glückssucher registriert. Für nicht wenige freilich ist der

Besuch dieser Seiten nicht ein vorübergehendes Mittel zum Zweck, sondern wird zur Gewohnheit, gleich so, als könnten sich Kaufinteressenten für einen PKW nie für einen neuen Wagen entscheiden, sondern würden die Probefahrt zum Dauerzustand machen.

Abgesehen von solchen eher zweifelhaften Begleiterscheinungen ist der Gang ins Internet bei der Partnersuche aber im Grunde konsequent. Er ist eine Antwort auf die fortgeschrittene Individualisierung, die nicht mehr von zufälligen Begegnungen in einem relativ kleinen Umkreis abhängig sein will, sondern bewusste Kriterien bei der Partnerwahl in einem erheblich erweiterten Pool von Kontakten einsetzen möchte. Gerade bei reiferen Menschen werden durch die nachlassende Begegnungs-Dynamik im fortgeschrittenen Alter die Chancen geringer, den Traumprinzen zufällig am Arbeitsplatz, beim Einkauf oder im Schwimmbad kennenzulernen. Außerdem ist eine naive Unbefangenheit durch Lebenserfahrung oft verlorengegangen und man sieht deutlicher als mit zwanzig, was man von einer Partnerin oder einem Partner erwartet. Umgekehrt kennt man auch sich selbst mit fortgeschrittenem Alter besser und weiß, welche Eigenheiten man selbst hat, die nicht leicht mit jedem oder jeder kompatibel sind, die man aber dennoch nicht zur Disposition stellen will, weil sie zum gewordenen Persönlichkeitsbild gehören.

Statt also passiv und sehnsüchtig darauf zu warten, bis der oder die geeignete Kandidat oder Kandidatin den Weg kreuzt, bieten Partnerschaftsportale die Möglichkeit, viele Eigenschaften im Voraus auszuwählen beziehungsweise auszuschließen. Oft bildet schon die bloße Entscheidung für ein Dating-Portal den Beginn einer spannenden Erfahrung — ja, ich mache das jetzt! Sie kann eine Entscheidung gegen Verbissenheit und für eine Art von Sportsgeist sein, die Partnersuche als aktives Abenteuer zu verstehen. Wichtig ist dabei wohl, die Erwartungen nicht übertrieben hoch zu schrauben. Humor, Gelassenheit und ein gewisser Grad an ehrlicher Selbsteinschätzung sind beste Voraussetzungen, auf diesem noch relativ neuen Weg zum Erfolg zu kommen.

Einer der häufigsten Knackpunkte bei professionellen Partnerschaftanbahnungen ist übrigens die Frage bereits vorhandener Kinder. Ein Mann, der schon Kinder aus einer anderen Beziehung hat, kann einerseits auf Frauen anziehend wirken, weil man ihm vielleicht positive väterliche und fürsorgliche Qualitäten zuspricht. Andere Frauen empfinden vorhandene Kinder eher als einen Faktor, der als Zeichen einer nicht geteilten Vergangenheit möglicherweise immer zwischen ihnen und dem neuen Partner stehen wird. Zur Klärung der Frage, inwiefern solche Gefühle, Erwartungen genauso wie mögliche Vorbehalte, in einer sich anbahnenden Beziehung bestehen, braucht es in jedem Fall viel Bewusstsein und Aufmerksamkeit.

Mehr Individualisierung, aber gleichzeitig auch mehr Achtsamkeit und aktives Bewusstsein – mit dieser Formel sind wir nach diesem kleinen Exkurs wieder zurück beim Thema Patchwork. Transparenz nach innen ist wichtig – denn je ungeklärter Menschen in Bezug auf sich selbst, ihre Eigenarten, ihre Stärken und Schwächen, ihre eigene biographische Geschichte sind, umso schwieriger wird auch eine Patchwork-Konstellation werden. Wer dagegen von sich sagen kann: „Ich bin in Kontakt mit mir selbst, ich kenne meine Ressourcen, ich kenne meine Belastbarkeit, ich kenne meine Schwächen" – wer sich dessen einigermaßen sicher ist, der hat gute Chancen, auch ungewohnten sozialen Situationen gerecht zu werden. Gerade an solchen Herausforderungen entwickelt und offenbart sich die Signatur einer Persönlichkeit. Je unvorbereiteter man auf die Herausforderung zur Selbstreflexion ist, umso größer das Risiko, von auftretenden Problemen aus dem Konzept gebracht zu werden. Das Gute dabei: Es ist inzwischen viel Wissen und Erfahrung im Bezug auf Beziehungen, Partnerschaft und Patchwork vorhanden. Als Anregung zur Selbsterkenntnis und zum besseren Verständnis der Patchwork-„Gesetze" gibt es ein großes Angebot an weiterführender Literatur. Und nicht zuletzt existieren nahezu überall Beratungsangebote, die in Anspruch zu nehmen immer selbstverständlicher wird. Vielleicht wird eines Tages einmal sogar in unseren Schulen ein Fach wie „Beziehungskunde" junge Menschen auf die in diesem Bereich wartenden Herausforderungen und Chancen vorbereiten helfen?

Gelingendes Patchwork ist eine Form, die aus individualistischer und komplexer werdenden Partnerschaftsbeziehungen das Beste macht. Sie lässt neue soziale Fähigkeiten entstehen, die zuerst gegen Widerstände und Gewohnheiten mühsam errungen werden müssen, die aber vielleicht schon in der nächsten Generation so selbstverständlich werden können wie es etwa der Umgang unserer Kinder mit den neuen Medien heute ist.

Patchwork zu leben bedeutet, Spannungen aushalten und eigene Ansprüche zurückstellen zu können. Wer Patchwork meistert, der lernt unterschiedlichste Bedürfnisse fein auszubalancieren und mit schwierigen Gefühlslagen konstruktiv umzugehen. Kreative Antworten auf die so unterschiedlichen Anforderungen einer Patchwork-Familie entwickeln zu können, das ist, wenn es gelingt, nicht nur ein persönlicher Erfolg, sondern auch ein Zugewinn an sozialer Sensibilität und Humanität für die ganze Gesellschaft.

Weitere Bücher aus dem Info3-Verlag

Eine Auswahl

Andreas Meyer
Sanfte Schmetterlings-Babymassage
Die Entwicklung der Lebenskräfte und
ihre physiologischen Grundlagen
Mit Texten von Eva Reich, Hans-Richard Böttcher
und Dagmar Rehländer sowie 28 Illustrationen von Christiane
Sundermeyer
128 Seiten, Klappenbroschur, ISBN 978-3-95779-026

Elisabeth Wellendorf
Mit dem Herzen eines anderen Leben
Aus der Arbeit mit Transplantationspatienten:
Ihre Erfahrungen, ihre Ängste, ihre Hoffnungen
192 Seiten, Klappenbroschur, ISBN 978-3-95779-018-7

Silke Kirch
Das Murmeln der Auguste Deter
Oder: Was ist die Kunst im Umgang mit Demenz?
168 Seiten, Klappenbroschur, ISBN 978-3-95779-021-7

Martina, Johannes und Tobias Hartkemeyer
Dialogische Intelligenz
Aus dem Käfig des Gedachten in den Kosmos des gemeinsamen Denkens
Mit einem Vorwort von Gerald Hüther
200 Seiten, Broschur, ISBN 978-3-95779-033-0

Barbara Oehl-Jaschkowitz, Charlotte Fischer (Fotos)
Manche Angst in Zuversicht verwandelt
Eltern von Kindern mit Behinderung erzählen
Fotografien von Charlotte Fischer
136 Seiten, Broschur, ISBN 978-3-95779-028-6

Christa Rüssmann-Stöhr, Hagen Seibt
Mit intelligenten Kindern intelligent umgehen
Ratgeber für Eltern, Lehrer und Erzieher von hochbegabten Kindern
Illustrationen von Thomas Plaßmann
266 Seiten, Broschur, ISBN 978-3-95779-022-4

●●● INFO3
VERLAG

Info3-Verlagsgesellschaft Brüll & Heisterkamp KG
Kirchgartenstr. 1
60439 Frankfurt am Main

Tel. 069 - 58 46 47
Fax: 069 - 58 46 16
E-Mail: vertrieb@info3.de
Web: www.info3-verlag.de